ANTOINE DE SAINT-EXUPÉRY

LE PETIT PRINCE EXTRAIT

LE PETIT PRINCE EXTRAIT

어린왕자 발췌본

인 쇄 일 2012년 12월 10일
발 행 일 2012년 12월 15일

저 자 신중성 해설
발 행 인 윤우상
책임편집 최준명
표지디자인 디자인 디도
발 행 처 송산출판사
주 소 서울특별시 서대문구 홍제2동 104-6번지
전 화 (02) 735-6189
팩 스 (02) 737-2260
홈페이지 http://www.songsanpub.co.kr
등록일자 1976년 2월 2일. 제 9-40호

ISBN 978-89-7780-187-5 13760

ANTOINE DE SAINT-EXUPÉRY

LE PETIT PRINCE EXTRAIT

어린왕자 발췌본

신중성 해설

송산출판사

머 리 말

전 세계의 수많은 사람들에게 동심의 세계를 일깨워준 <어린왕자>란 작품의 주요 내용 발췌본을 녹음 CD와 함께 출판하게 되어서 매우 기쁩니다.

사실, <어린왕자>는 수 십 개국 언어로 번역되어 각국에서 베스트셀러로 꾸준히 읽혀지고 있다는 것만으로 보아도 이 작품에 대한 인기가 어느 정도라는 것을 알 수 있습니다.

이러한 명작을 원어 그대로 프랑스 대학생들이 직접 녹음하여 실제 어린이의 맑은 눈으로 세상을 보는듯한 느낌을 주고 있습니다.

이 교재의 효과적인 학습 방법으로 여러 가지가 있겠지만, 원작을 중심으로 군더더기 내용들은 빼고 다시 편집한 본문 Texte를 CD와 함께 반복하여 청취하면서 공부한다면 여러분의 프랑스어 문장 독해력 및 문법, 어휘, 청취력 향상에 많은 도움을 주리라 확신합니다.

이 교재의 주요 수록 내용들을 살펴본다면, 우선 제1부에는 원문과 더불어 중요한 문법 및 표현들을 해설과 함께 상세히 실었으며, 제2부에는 해설과 더불어 원문의 문장들을 하나하나 공부하면서 바로 이해할 수 있도록 원문에 바로 설명을 해놓아서 따로 사전과 문법서 없이도 학습할 수 있게 하였습니다. 제3부에는 그동안 공부해온 내용들의 문장 청취 연습을 할 수 있도록 청취 연습 문제난을 만들어 CD를 들으면서 바로 빈칸을 채우면서 확인할 수 있게 하였습니다. 또한 제4

부에서는 원문의 한국어 번역을 해놓아 번역이 안 되는 부분을 찾아서 바로 확인할 수 있도록 하였습니다.

따라서 이 교재의 가장 효과적인 학습 방법으로는 먼저 CD와 함께 제1, 2부 원문을 설명과 함께 여러 번 반복하여 읽어 발음과 내용이 귀에 들어오도록 하여, 문법과 독해에 막힘없이 원문이 이해가 되면 제3부의 듣기 연습 문제를 CD를 들으며 빈칸을 들리는 대로 직접 써보는 연습을 하여야 합니다.

이런 과정을 거쳐 여러분들이 <어린왕자>의 작품 세계 연구와 읽기 및 문법, 어휘와 말하기, 듣기 등의 프랑스어 학습에 많은 도움이 있기를 바랍니다.

종로 신중성어학원 원장 **신 중 성**

Table Des Matieres

제1부 프랑스 원문

LE PETIT PRINCE EXTRAIT

1 J'ai [1]vécu seul, sans personne [2]avec qui parler véritablement, jusqu'à une panne dans le désert du Sahara, il y a six ans. Quelque chose s'était cassé dans mon moteur. Et comme je n'avais avec moi ni mécanicien, ni passagers, je [3]me préparai à essayer de réussir, tout seul, une réparation difficile. C'était pour moi une question de vie ou de mort. J'avais [4]à peine de l'eau à boire [5]pour huit jours.

Le premier soir je me suis donc endormi sur le sable [6]à mille milles de toute terre habitée. J'étais

---

1 vécu : vivre(살다) 동사의 과거분사형

2 avec qui parler : 문어체에서 주어가 확실할 경우에, 문장에 활기를 주기 위하여 동사의 원형을 쓴다. = avec qui je parlais
cf) Il faudrait leur dire que lire, et comment lire, selon leur âge. (그들의 나이에 따라 무엇을 읽을지를, 어떻게 읽어야 할지를 그들에게 말해주어야 할 것이다.)
= Il faudrait leur dire ce qu'ils lisent, et comment ils lisent, selon leur âge.

3 je me préparai à essayer de réussir~ : se préparer à + inf. (~할 준비를 하다)
cf) Elle s'est préparée à monter dans un train. (그녀는 기차에 오를 준비를 하고 있었다.)

4 à peine : 겨우
cf) Il y a à peine de quoi boire. (겨우 마실 것만 있다.)

5 pour huit jours : 일주일 동안
cf) pour quinze jours (이주일 동안)

6 à mille milles : 일천 마일 떨어진 곳에
앞의 mille은 '일천'의 뜻으로 불변하고, 뒤의 milles은 '마일'이라고 하는 보통명사이므로 복수가 되면 's'를 붙여야 한다.

bien plus isolé qu'un naufragé sur un radeau au milieu de l'Océan. Alors vous imaginez ma surprise, [7]au lever du jour, quand une drôle de petite voix m'a réveillé.

- S'il vous plaît... dessine-moi un mouton!
- Hein?
- Dessine-moi un mouton...

J'ai sauté sur mes pieds [8]comme si j'avais été frappé par la foudre. J'ai bien frotté mes yeux. J'ai bien regardé. Et j'ai vu un petit bonhomme [9]tout à fait extraordinaire qui me considérait gravement.

Il ne me semblait ni égaré, ni [10]mort de faim, ni mort de fatigue, ni mort de soif, ni mort de peur. Il [11]n'avait en rien l'apparence d'un enfant perdu au milieu du désert, à mille milles de toute région habitée.

---

7 au lever du jour : = au lever du soleil (해가 뜨자, 해 뜰 무렵에)
8 comme si ~ : 마치 ~인 것처럼
comme si 절은 주절보다 한 시제가 앞서야 하며, comme si 절에 올 수 있는 시제는 반과거와 대과거이다.
cf) Elles se sont mises à se parler comme si elles ne s'étaient pas vues la veille.
(그녀들은 전 날에 마치 서로 만나지 않았던 듯이, 서로에게 이야기하기 시작했다.)
9 tout à fait : 완전히, 아주
10 배고파 죽을 지경인
11 ne~en rien : 전혀 ~이 아니다
cf) Cela ne m'intéresse en rien. (그것은 전혀 나의 흥미를 끌지 못한다.)

- Mais... qu'est-ce que tu fais là?
- S'il vous plaît... dessine-moi un mouton...

Quand le mystère est trop impressionnant, on [12] n'ose pas désobéir. [13]Aussi absurde que cela me semblât, je sortis de ma poche une feuille de papier, un stylographe, et je dessinai.
Il regarda attentivement.

- Non! Celui-là est déjà très malade. [14]Fais-en un autre.

Je dessinai un autre mouton.

- Tu vois bien... ce n'est pas un mouton, c'est un bélier. Il a des cornes...

Je refis donc encore mon dessin.
- Celui-là est trop vieux. [15]Je veux un mouton qui

---

12 oser + inf. : 감히 ~하다. 부정문에서 pas는 생략해도 된다.
cf) Vous n'osez rompre le silence. (당신이 감히 침묵을 깰 수는 없다.)

13 Aussi absurde que cela me semblât : aussi + 형용사(부사) + que + 접속법 (아무리 ~한다 할지라도) - semblât : sembler 동사의 접속법 반과거
cf) aussi pauvre qu'il soit (아무리 그가 가난하다 할지라도)
aussi vite qu'elle coure (그녀가 아무리 빨리 달린다 할지라도)

14 Fais-en un autre : =Fais un autre mouton.
부정형용사와 함께 쓰인 명사는 중성대명사 en으로 받을 수 있다.
cf) Je veux vous envoyer un autre médecin.
(나는 당신에게 다른 의사를 보내드리고 싶습니다.)
= Je veux vous en envoyer un autre.

vive longtemps.

16J'avais hâte de commencer le démontage de mon moteur, je griffonnai une caisse avec trois trous d'aération et lançai.

- Ça c'est la caisse. Le mouton que tu veux est dedans.

- C'est tout à fait comme ça que je le voulais! 17Crois-tu qu'il faille beaucoup d'herbe à ce mouton?

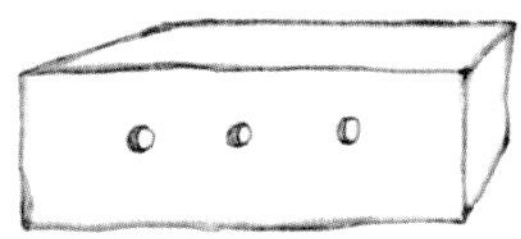

- Pourquoi?

- Parce que chez moi c'est 18tout petit...

---

15 Je veux un mouton qui vive : 주절의 동사가 vouloir, désirer, chercher 등이고, 선행사가 직접목적보어로 쓰여서 부정관사나 부분관사가 앞에 있을 경우 관계절에서 접속법을 쓴다.
cf) Je prendrai un train qui parte dans une demi-heure.
(나는 30분 후에 떠나는 기차를 탈 것이다)
Je cherche une maison qui soit près d'ici. (나는 이곳에서 가까이에 있는 집을 찾고 있다.)
그러나 선행사에 정관사나 지시형용사, 소유형용사가 붙으면 접속법을 쓰지 않는다.
Je cherche la maison qui est près d'ici.

16 avoir hâte de + inf. : 급히 ~하다. 몹시 ~하고 싶어하다
cf) J'avais hâte de courir pour avoir une bonne place.
(나는 좋은 자리를 차지하기 위하여 서둘러 뛰어갔다.)

17 Crois-tu qu'il faille~ : croire, espérer, penser, sentir등의 동사는 긍정문으로 쓰일 때 종속절에서 직설법이 쓰이고, 부정문과 의문문으로 쓰이면 직설법 및 접속법이 다 올 수 있다. 직설법이 올 경우는 확실한 경우이고, 접속법이 오면 확실하지 않은 사실을 말한다. - faille는 falloir동사의 접속법 현재이다.
cf) Croyez-vous que ce soit vrai?
= Doutez-vous que ce soit vrai?
(당신은 그것이 사실이라는 것을 의심하시죠?)
Je ne crois pas qu'elle aimera ce vin-là.
= Je suis sûr qu'elle n'aimera pas ce vin-là.
(나는 그녀가 이 술을 좋아하지 않으리라는 것을 확신한다.)

18 tout : 형용사 바로 앞에 쓰인 tout는 부사로서 '매우'라는 뜻을 갖는다. 자음이

– Ça suffira sûrement. Je t'ai donné un tout petit mouton.
– [19]Pas si petit que ça... Tiens! Il s'est endormi...

[20]Et c'est ainsi que je fis la connaissance du petit prince.

2 Il me [21]fallut longtemps pour comprendre [22]d'où il venait. Le petit prince, qui me posait beaucoup de questions, ne semblait jamais entendre [23]les miennes. Ce sont des mots prononcés [24]par hasard qui, [25]peu à peu, m'ont tout révélé. Ainsi, quand il aperçut pour la première fois mon avion,

– [26]Qu'est-ce que c'est que cette chose-là?

나 유성 h로 시작하는 여성형용사 앞에서만 성/수 변화한다.
cf) Ils sont tout petits.
Elle est tout innocente.
Elles sont toutes petites.

19 Pas si petit que ça : aussi~que의 부정은 ne~pas aussi~que, ne~pas si~que 둘 다 될 수 있다.
cf) Nous ne sommes pas aussi bêtes que ces ânes. = Nous ne sommes pas si bêtes que ces ânes. (우리는 이 당나귀들 만큼은 어리석지 않다.)

20 c'est ainsi que~ : 그렇게 해서 ~하게 되다.
C'est ainsi que je fais la connaissance du petit prince.(그렇게 해서 나는 어린 왕자와 알게 됐다.)

21 fallut : falloir동사의 단순과거형

22 d'où : 어디에서부터, 전치사 de는 장소의 이탈을 나타낸다.

23 les miennes : 소유대명사로서 여성복수에 쓰인다. 여기에서는 mes questions을 받고 있다.

24 par hasard : 우연히, 뜻밖에 cf) au hasard 아무렇게나

25 peu à peu : 조금씩, 점점

26 Qu'est-ce que c'est que + 명사 : '명사'가 무엇인지
Qu'est-ce que c'est que de + inf. : 'inf.'가 무엇인지

- Ce n'est pas une chose. Ça vole. C'est un avion, et mon avion.

- Comment! tu es tombé du ciel?

- Oui.

- Ah! ça c'est drôle...

Alors, toi aussi, tu viens du ciel! [27]De quelle planète es-tu?

- Tu viens donc d'une autre planète?

- C'est vrai que, là-dessus, tu ne peux pas venir de bien loin...

- Et toi, d'où viens-tu, mon petit bonhomme? Hein? Où est-ce «chez toi»? Où veux-tu emporter mon mouton?

- Ce qui est bien, avec la caisse que tu m'a donnée, c'est que, la nuit, ça lui servira de maison.

- Bien sûr. Et si tu es gentil, je te donnerai aussi une corde pour l'attacher pendant le jour. Et un

---

cf) Qu'est-ce que c'est que l'O.T.U.? (l'O.T.U.가 무엇인가요?)
간접의문문에서는 ce que c'est que로 된다
cf) Ils ne savent pas ce que c'est que d'être pressés. (그들은 어떤 것이 바쁜지를 모른다.)

27 De quelle planète es-tu? : 전치사 de는 출신을 나타낸다.
cf) - D'où êtes-vous? (당신은 어디 출신입니까?)
- De Séoul. (서울 출신입니다.)

Le petit prince sur l'astéroïde B 612.

piquet.

- L'attacher? [28]Quelle drôle d'idée!

- Si tu ne l'attache pas, il ira [29]n'importe où, et il se perdra...

- Mais où veux-tu qu'il [30]aille?

- N'importe où. [31]Droit devant lui...

- [32]Ça ne fait rien, c'est tellement petit, chez moi! Droit devant soi, on ne peut pas aller bien loin...

J'avais ainsi appris une chose très importante : c'est que sa planète d'origine était à peine plus grande qu'une maison!

Ah! petit prince, j'ai compris, peu à peu, [33]au hasard des réflexions, ta petite vie mélancolique. Tu n'avais eu longtemps pour distraction que la

---

28 Quelle drôle d'id'ee! : 형용사 drôle은 명사 앞에서 형용사를 수식할 경우에 항상 전치사 de와 관사랑 함께 쓰여서 명사를 수식한다.
C'est un drôle d'individu. (그는 묘한 작자야.)

29 n'importe où : 어디든지
cf) n'importe quand (언제든지), n'importe quoi (무엇이든지)
n'importe qui (누구이든지), n'importe comment (어떻게든지)

30 aille : aller동사의 접속법 현재

31 Droit : droit가 부사로 쓰일 때에는 '똑바로, 곧장'의 뜻을 갖는다.
cf) Elle marche doit. (그녀가 곧장 걷고 있다.)

32 Ça ne fait rien : 괜찮아요. 주로 회화체에서 많이 쓰인다.

33 au hasard de : ~하다가
au hasard des réflexions (곰곰이 생각하다가)

douceur des couchers de soleil.

- J'aime bien les couchers de soleil. Allons voir un coucher de soleil...
- Mais il faut attendre...
- Attendre quoi?
- Attendre que le soleil se couche.
- Je me crois toujours chez moi!
- [34]En effet.

Quand il est midi aux Etats-Unis, le soleil, tout le monde le sait, se couche sur la France. Il suffirait de pouvoir aller en France en une minute pour assister au coucher de soleil. Malheureusement la France est bien trop éloignée. Mais sur ta si petite planète, [35]il te suffisait de tirer ta chaise de

---

34 En effet : 사실, 실제

35 Il te suffisait de tirer~ : il suffit de + inf. (~하기만 하면 충분하다) - 비인칭표현에서의 의미상의 주어는 비인칭 주어 il과 비인칭 동사 사이에 간접목적을 넣는다.

cf) Il m'est facile d'apprendre le français. (나는 불어배우기가 쉽다.)
Il lui est possible d'aller étudier en France.
(그가 프랑스로 공부하러 가는 것은 가능하다.)

quelques pas. Et tu regardais le crépuscule [36]chaque fois que tu le désirais...

– Un jour, j'ai vu le soleil se coucher quarante-trois fois! Tu sais... quand on est tellement triste, on aime les couchers de soleil...

– Le jour des quarante-trois fois tu étais donc tellement triste?

Le cinquième jour, j'étais très occupé à [37]essayer de dévisser un boulon trop serré de mon moteur. J'étais très soucieux car ma panne [38]commençait de m'apparaître comme très grave, et [39]l'eau à boire qui s'épuisait me faisait craindre [40]le pire.

– Un mouton, ça mange les arbustes?

---

36 chaque fois que : ~할 때마다
37 essayer de + inf. : ~하려고 애쓰다.
= chercher à + inf. = tâcher de + inf. = s'efforcer de + inf.
38 commencer de + inf. : ~하기 시작하다.
= commencer à + inf.
39 l'eau à boire : 마실 물. '명사 + à + inf.' 은 '~할 ~'로 번역한다
les livres à lire 읽을 책들 les lettres à écrire : 쓸 편지들
이럴 경우에 그 명사는 동사의 원형의 목적어가 된다.
40 le pire : mauvais의 최상급
mauvais의 비교급에는 plus mauvais와 pire 두 가지가 있는데, 전자는 구체적 개념에서 쓰이고, 후자는 추상적 개념에서 쓰인다. 비교급 앞에 정관사가 붙으면 최상급이 된다.
cf) C'est le restaurant le plus mauvais du quartier.
(그것은 그 동네에서 가장 형편없는 식당이다.)
C'est la pire peine de ne savoir pourquoi mon cœur a tant de peine.
(내 마음이 왜 그토록 많은 슬픔을 느끼는가를 알지 못하는 것이 최악의 슬픔이다.)

- Oui.
- Et les fleurs?
- Un mouton mange tout ce qu'il rencontre.
- Même les fleurs qui ont des épines?
- Même les fleurs qui ont des épines.
- Alors, les épines, à quoi servent-elles?

Les épines, à quoi servent-elles?

- Les épines, ça ne sert à rien, c'est de la pure méchanceté [41]de la part des fleurs!
- Ah! Je ne te crois pas! Les fleurs sont faibles. Elles sont naïves. Elles se rassurent comme elles peuvent. Elles se croient terribles avec leurs épines... Et tu crois, toi, que les fleurs...
- Mais non! Mais non! Je ne crois rien! J'ai répondu n'importe quoi. Je m'occupe, moi, de choses sérieuses!
- De choses sérieuses?
- Oui.
- Tu parles comme les grandes personnes!

Tu confonds tout... tu mélanges tout!

Je connais une planète où il y a un Monsieur cramoisi. Il n'a jamais respiré une fleur. Il n'a jamais regardé une étoile. Il n'a jamais aimé personne. Il n'a jamais rien fait [42]d'autre que des additions. Et toute la journée il répète comme toi : «Je suis un homme sérieux! Je suis un homme sérieux!» et [43]ça le fait

---

41 de la part de : ~로서는

42 ne~jamais(rien) d'autre que~ : ~이외에는 결코 ~하지 않는다.

43 Ça le fait gonfler d'orgueil : '사역동사 faire + inf.' 의 형태에서 대명사의

gonfler d'orgueil. Mais ce n'est pas un homme, c'est un champignon!

– Un quoi?

– Un champignon!

Il y a des millions d'années que les fleurs fabriquent des épines.

Il y a des millions d'années que les moutons mangent quand même les fleurs. Et ce n'est pas sérieux de chercher à comprendre pourquoi elles se donnent tant de mal pour se fabriquer des épines qui ne servent jamais à rien? Ce n'est pas important la guerre des moutons et des fleurs? Ce n'est pas plus sérieux et plus important que les additions d'un gros Monsieur rouge? Et si je connais, moi, une fleur unique au monde, [44]qui

위치는 사역동사 앞이다.

cf) C'est lui qui le fait rebâtir. (그것을 다시 짓게 한 사람은 바로 그다.)

cf) Je vais le voir. (나는 그를 볼 것이다.) – 이 경우에 aller동사는 사역동사가 아니므로 대명사의 위치는 준조동사(aller)와 동사원형 사이에 들어간다.

44 qui n'existe nulle part : ne~nulle part는 partout(어디에나)의 부정 형태이다.
Vos amis ont voyagé partout. (당신의 친구들은 어디에나 여행했었다.)
→ Vos amis n'ont voyagé nulle part. (당신의 친구들은 어느 곳도 여행하지 않았다.)

n'existe nulle part, sauf dans ma planète, et qu'un petit mouton peut anéantir [45]d'un seul coup, comme ça, un matin, sans [46]se rendre compte de ce qu'il fait, ce n'est pas important ça!

Si quelqu'un aime une fleur qui n'existe qu'à un exemplaire dans les millions et les millions d'étoiles, ça suffit [47]pour qu'il soit heureux quand il les regarde. Il se dit: «Ma fleur est là quelque part...» et si le mouton mange la fleur, c'est pour lui comme si, brusquement, toutes les éteignaient! Et ce n'est pas important ça!

5 La nuit était tombée. J'avais lâché mes outils. Je me moquais bien de mon marteau, de mon boulon, de la soif et de la mort. Il y avait, sur une étoile, une planète, [48]la mienne, la Terre, un petit prince à consoler! Je le pris dans les bras. Je le berçai. Je lui disais : «La fleur que tu aimes n'est pas en danger... Je lui dessinerai une muselière, à ton mouton... Hum? Je te dessinerai une armure pour ta fleur... Je...» Ouf, je ne savais pas trop quoi dire. Je me sentais très maladroit. Je ne savais comment l'atteindre, où le rejoindre... C'est tellement mystérieux, le pays des

---

45 d'un seul coup : 단번에, 한숨에

46 se rendre compte de : ~을 알아차리다. ~을 납득하다.

47 pour que : pour que (~하기 위하여) 다음에는 접속법을 쓴다.
cf) Ils le lui ont promis pour qu'il ne se fasse pas de souci.
(그들은 그가 근심을 하지 않도록 하기 위하여 그에게 그것을 약속했다.)

48 la mienne, la Terre : la mienne는 mon étoile을 받으며 la Terre와 동격이다.

larmes.

J'appris bien vite à mieux connaître cette fleur. Elle avait germé un jour, d'une graine apportée d'on ne sait où. Le petit prince sentait bien qu'il en sortirait une apparition miraculeuse, mais [49]la fleur n'en finissait pas de se préparer à être belle, [50]à l'abri de sa chambre verte. Elle choisissait [51]avec soin ses couleurs. Elle s'habillait lentement, elle ajustait un à un ses pétales. Elle ne voulait pas sortir toute fripée comme les coquelicots. Elle ne voulait apparaître que dans le plein rayonnement de sa beauté. Et! oui. Elle était très coquette! Sa toilette mystérieuse avait donc duré des jours et des jours. Et puis voici qu'un matin, justement à l'heure du lever du soleil, elle s'était montrée.

– Ah! je me réveille à peine... [52]Je vous demande pardon... Je suis encore toute décoiffée...

– [53]Que vous êtes belle!

---

49 la fleur n'en finissait pas de~ : n'en pas finir de + inf. (한없이 계속되다)
cf) Elle n'en finit pas de raconter ses voyages.
(그녀는 한없이 그녀의 여행담을 계속 이야기하고 있다.)

50 à l'abri de : ~에서 보호되어, ~을 피해서, ~의 보호아래
cf) On vit à l'abri des lois. (누구나 법의 보호아래 살고 있다.)

51 avec soin : 주의하여, 정성 들여

52 Je vous demande pardon : 죄송합니다. 용서하세요.

53 Que + 평서문 : 평서문의 앞에 Que나 Comme 또는 Ce que를 놓으면 감탄문

- N'est-ce pas. Et je suis née [54] en même temps que le soleil...

- Oui.

- C'est l'heure, je crois, du petit déjeuner, [55]auriez-vous la bonté de penser à moi...?

Et le petit prince, tout confus, [56]ayant été chercher un arrosoir d'eau fraîche, avait servi la fleur. [57]Ainsi l'avait-elle bien vite tourmenté par sa vanité un peu ombrageuse. Un jour, par exemple, parlant de ses quatre épines,

- Ils peuvent venir, les tigres, avec leurs griffes!

이 된다.
Il fait très chaud aujourd'hui.
→ Qu'il fait chaud aujourd'hui!
→ Ce qu'il fait chaud aujourd'hui!

54 en même temps que~ : ~과 동시에

55 auriez-vous la bonté de + inf. : 제발 ~해 주십시오.(조건법으로 더 완곡한 표현이 되고 있다.) - 조건법을 쓸 경우 주어가 있어야 된다.
cf) Ayez la bonté de m'indiquer le jour de la visite. (죄송합니다만, 저에게 방문날짜를 알려주십시오.) - 명령법이 쓰였으므로 주어가 필요 없다.

56 ayant été chercher : être다음에 동사원형이 오면 aller의 뜻을 갖는다. 과거시제에서 사용한다.
cf) J'ai été voir ma sœur à Paris.(나는 나의 여동생을 보러 빠리에 갔었다.)
ayant été는 être의 분사법 과거이다.

57 Ainsi l'avait-elle bien vite toumenté~ : Ainsi, Sans doute, Peut-être, Aussi등이 문장 앞에 오면 주어와 동사를 도치시킨다.
cf) Peut-être, ne dit-on pas assez aux enfants comment il faut lire.(아마, 사람들은 아이들에게 책을 어떻게 읽어야 할지를 충분히 말하고 있지 않다.)

– Il n'y a pas de tigres sur ma planète, et puis les tigres ne mangent pas d'herbe.

– Je ne suis pas une herbe.

– Pardonnez-moi...

– Je ne crains rien des tigres, mais [58]j'ai horreur des courants d'air. Vous n'auriez pas un paravant? Et puis, le soir, mettez-moi sous globe. Il fait très froid chez vous. C'est mal installé. Là d'où je viens...

Mais elle s'était interrompue. Elle était venue sous forme de graine. Elle n'avait rien pu connaître des autres mondes. [59]Humiliée de s'être laissé surprendre à préparer un mensonge aussi naïf, elle avait toussé deux ou trois fois, [60]pour mettre le petit prince dans son tort. Et le petit prince, malgré la bonne volonté de son amour, avait vite douté d'elle. [61]Il avait pris au sérieux des mots sans importance, et était devenue très malheureux. «[62]J'aurais dû ne

58 J'ai horreur de : avoir horreur de (~을 몹시 싫어하다.)
59 s'être laissé surprendre à : se laisser surprendre à (par) (~에 속아 넘어가다, ~이 발각되다)
60 pour mettre le petit prince dans son tort : mettre qn dans son tort (~에게 죄를 뒤집어씌우다)
61 Il avait pris au sérieux des mots : prendre qch au sérieux ~을 중시하다
62 J'aurais dû ne pas l'écouter : devoir의 조건법 과거는 과거와의 반대 사실 및 과거의 사실에 대한 후회를 나타내 '~했어야 했다'로 번역한다.

pas l'écouter, il ne faut jamais écouter les fleurs. Il faut les regarder et les respirer. La mienne embaumait ma planète, mais je ne savais pas [63]m'en réjouir. Elle m'embaumait et m'éclairait. Je n'aurais jamais dû m'enfuir! J'aurais dû deviner sa tendresse derrière ses pauvres ruses. Les fleurs sont si contradictoires! Mais [64]j'étais trop jeune pour savoir l'aimer.»

Je crois qu'il profita, pour son évasion, d'une migration d'oiseaux sauvages. Il arrosa une dernière fois la fleur, se prépara à la mettre à l'abri sous son globe, il se découvrit l'envie de pleurer.

– Adieu.

– Adieu.

– J'ai été sotte. Je te demande pardon. Tâche d'être heureux. Je t'aime.

– Oui, je t'aime.

– Mais oui. Tu n'en as rien su, par ma faute. Ça n'a aucune importance. Mais tu as été aussi sot que moi.

---

cf) Tu aurais dû aller voir le maire. (너는 시장을 만나러 갔어야 했다.)

63 m'en réjouir : se réjouir de + inf. (~인 것을 기뻐하다)
en은 de이하를 받은 중성대명사이다.

64 J'étais trop jeune pour savoir l'aimer : trop~pour (너무~해서~할 수 없다)
cf) Il parle trop vite pour être compris.
(그는 너무 빨리 이야기해서 그의 말을 이해할 수가 없다.)
= Il parle trop vite pour qu'on le comprenne.

Il ramona soigneusement ses volcans en activité.

Tâche d'être heureux... Laisse ce globe tranquille. Je n'en veux plus.

– Mais le vent...

– Oh, je ne suis pas si enrhumée que ça... L'air frais de la nuit me fera du bien. Je suis une fleur.

– Mais les bêtes...

– Il faut bien que je supporte deux ou trois chenilles si je veux connaître les papillons. [65]Il paraît que c'est tellement beau. [66]Sinon qui me rendra visite? Tu seras loin, toi. Quant aux grosses bêtes, je ne crains rien, j'ai mes griffes. Ne traîne pas comme ça, c'est agaçant. Tu as décidé de partir. [67]Va-t'en.

Le petit prince [68]commença par visiter les planètes voisines pour y chercher une occupation et pour s'instruire. La première était habitée par un roi, la seconde par un vaniteux, la troisième par un buveur, la quatrième par un businessman, le gros Monsieur

---

65 Il paraît que + 직설법 : ~처럼 보인다, ~인 것 같다.
그러나 il semble que 다음에는 꼭 접속법이 와야 한다.
cf) Il semble que tu sois fatigué. (너는 피곤한 것 같다.)
Il paraît que tu es fatigué.
두 문장의 차이는 접속법이 온 경우는 확실히 알지는 못하겠지만 피곤한 것처럼 보이는 것이며, 직설법이 온 경우는 확실히 피곤하다는 것을 아는 경우에 쓴다. 즉, 직설법이란 있는 그대로의 사실을 말한다.

66 Sinon qui me rendra visite? : 그렇지 않으면 누가 나를 만나러 오겠어?

67 Va-t'en : s'en aller동사의 2인칭 단수명령법
Allons-nous-en (1인칭 복수)
Allez-vous-en (2인칭 단/복수)
Va-t'en (2인칭 단수)
s'en aller는 aller와 같은 뜻으로 어떤 사람이나 어떤 장소를 떠난다는 것을 강조해 주는 의미이다. en은 아무런 뜻 없이 쓰인 허사이다.

68 commencer par + inf. : 우선 ~하는 것부터 시작하다.

cramoisi de tout à l'heure. Après chaque visite, le petit prince se disait en lui-même, les grandes personnes étaient décidément très très bizarres.

La cinquième planète était fort curieuse. C'était la plus petite de toutes. Il y avait là juste assez de place pour loger un réverbère et un allumeur de réverbères. Le petit prince ne [69]parvenait pas à [70] s'expliquer à quoi pouvaient servir, quelque part dans le ciel, sur une planète [71]sans maison, ni population,

---

69 parvenir à + inf. : ~하기에 이르다. ~할 수 있게 되다. (=réussir à + inf.)
70 s'expliquer : 이해되다. 납득이 가다
Elle ne s'explique pas comment il a fait cela.
(그녀는 어떻게 그가 그렇게 했는지 모른다.)
71 sans maison, ni population : ni는 부정과 부정을 연결해주는 연결어이다.
On ne se doute pas que cette ville est si ancienne ni qu'elle a subi tant

un réverbère et un allumeur de réverbères.

Quand il allume son réverbère, c'est comme s'il faisait naître une étoile [72]de plus, ou une fleur. Quand il éteint son réverbère, ça endort la fleur ou l'étoile. C'est une occupation très jolie. C'est véritablement utile puisque c'est joli.

- Bonjour. Pourquoi viens-tu d'éteindre ton réverbère?
- C'est la consigne. Bonjour.
- Qu'est-ce que la consigne?
- C'est d'éteindre mon réverbère. Et, bonsoir.
- Mais pourquoi viens-tu de le rallumer?
- C'est la consigne.
- Je ne comprends pas.
- [73]Il n'y a rien à comprendre. La consigne, c'est la consigne. Bonjour. Je fais là un métier terrible. Autrefois, c'était raisonnable. J'éteignais le matin et j'allumais le soir. J'avais le reste du jour pour me

---

de ruines.
(사람들은 그 도시가 그토록 오래되었고, 그렇게 많은 폐허를 겪었는지를 짐작하지 못한다.)
→ 위 문장에서 ni는 앞 문장이 부정으로 되어있는 것을 뒷문장도 부정이 되게끔 연결해주고 있다.

72 de plus : 있는 상태에서 추가되는 것을 말한다.
L'omnibus stoppait tous les cinq cents mètres pour charger un secrétaire de plus, un douanier de plus, un inspecteur. (통근버스는 비서 한 명, 세관원 한 명, 그리고 마지막으로 감독관을 싣기 위하여 500미터마다 멈추었다.) - Saint-Exupéry의 '인간의 대지' 중에서

73 Il n'y a rien à comprendre : 부정대명사 quelque chose나 rien등 뒤에 동사원형이 오면 전치사 à가 와야 된다.
Il n'y a rien à faire. (어쩔 도리가 없다.)
Elle se lève pour chercher dans sa valise quelque chose à manger. (그녀는 가방 안에서 먹을 것을 찾기 위해 일어난다.)

《Je fais là un métier terrible.》

reposer, le reste de la nuit pour dormir...

- Et, depuis cette époque, la consigne a changé?

- La consigne n'a pas changé. C'est bien là [74]le drame! La planète [75]d'année en année a tourné de plus en plus vite, et la consigne n'a pas changé!

- Alors?

- Alors maintenant qu'elle fait un tour par minute, je n'ai plus une seconde de repos. J'allume et j'éteins une fois par minute!

- Ça c'est drôle! Alors, les jours chez toi durent une minute!

- Non. Ce n'est pas drôle du tout. Ça fait déjà un mois que nous parlons ensemble.

- Un mois?

- Oui. Trente minutes. Trente jours! Et, bonsoir.

- Tu sais... je connais un moyen de te reposer quand tu voudras...

- Je veux toujours.

- Ta planète est [76]tellement petite que tu en fais le tour en trois enjambées. Tu [77]n'as qu'à marcher assez lentement pour rester toujours au soleil. Quand tu

---

74 le drame : 비극(=une tragédie)
le drame de ma vie (내 인생의 비극)

75 d'année en année : 해마다, 매년(d'une année à l'autre)

76 tellement + 형용사(부사, 과거분사) + que : 너무~해서~하다.
J'ai tellement marché que j'ai envie de dormir.
(나는 너무 걸어서 잠자고 싶다.)

77 n'avoir qu'à + inf. : ~하기만 하면 된다.
Je n'ai qu'à me redresser un peu pour apercevoir le jardin. (나는 정원을 보기 위해서 약간 몸을 일으켜 세우기만 하면 된다.)

voudras te reposer tu marcheras... et le jour durera aussi longtemps que tu voudras.

- Ça ne [78]m'avance pas à grand-chose. [79]Ce que j'aime dans la vie, c'est dormir.

- Ce n'est pas de chance.

- Ce n'est pas de chance. Bonjour.

- Ah! C'est [80]le seul dont j'eusse pu [81]faire mon ami. Mais sa planète est vraiment trop petite. Il n'y a pas de place pour deux...

[82]Ce que le petit prince ne voulait pas s'avouer c'est qu'il [83]regrettait cette planète bénie à cause surtout des mille quatre cent quarante couchers de

---

78 avancer : ~의 도움이 되다. ~의 이익이 되다.
A quoi cela m'avancera-t-il? (그것이 나에게 무슨 이익이 있겠습니까?)

79 Ce que~, c'est~ : ~인 것은 바로 ~이다.
Ce qu'il est important dans sa vie, c'est lire.
(그의 인생에 있어서 중요한 것은 바로 책을 읽는 것이다.)

80 선행사에 최상급의 의미나 유일한 개념을 나타낼 때에는 관계절에서 접속법을 쓴다. j'eusse pu는 pouvoir동사의 접속법 대과거형이다.
접속법 대과거는 'avoir나 être의 접속법 반과거 + 과거분사'로 만들며, 과거완료를 나타낸다.
L'homme est le seul animal qui sache parler.
(인간은 말할 수 있는 유일한 동물이다.) - sache는 savoir동사의 접속법 현재형
Tu avais regretté qu'il ne fût pas né comme toi en Alsace. (너는 그가 너처럼 알사스지방에서 태어나지 않았다는 것을 섭섭해 했었다.) - fût né는 naître동사의 접속법 대과거형. fût는 être동사의 접속법 반과거.

81 faire un ami : 친구로 삼다

82 Ce que~ c'est que + 절 : ~인 것은 바로 ~이기 때문이다.
Ce que je ne l'ai pas salué, c'est que je ne l'ai pas vu. (내가 그에게 인사하지 않았던 것은 그를 못 보았기 때문이었다.) - 주 79번 참조

83 regretter : 그리워하다. 못 잊다
Elle regrette sa mère. (그녀는 어머니를 그리워하고 있다.)

soleil par 24 heures.

La sixième planète était habitée par un géographe, qui conseilla au petit prince d'aller visiter la planète Terre. «Elle [84]a bonne réputation», lui dit-il.

La septième planète fut donc la Terre. Le petit prince [85]fut bien surpris de n'y voir personne. Il avait peur de [86]s'être trompé de planète, quand un anneau couleur de lune remua dans le sable, un serpent! [87]A tout hasard, le petit prince lui souhaita :

- Bonne nuit.
- Bonne nuit.
- Sur quelle planète suis-je tombé?
- Sur la Terre, en Afrique.
- Ah! Il n'y a donc personne sur la Terre?
- Ici, c'est le désert. Il n'y a personne dans les déserts. La Terre est grande.
- Regarde ma planète. Elle est juste [88]au-dessus de nous...
- Elle est belle. Que [89]viens-tu faire ici?

---

84 avoir bonne réputation. 평판이 좋다
cf) avoir mauvaise réputation. 평판이 나쁘다
85 être surpris de : ~에 대해서 놀라다.
86 se tromper de : ~을 잘못 알다.
87 A tout hasard : 어찌 되든 간에, 툭
88 Au-dessus de : ~의 바로 위에
cf) au-dessous de : ~의 바로 아래에
89 venir + inf. : ~하러 오다.
왕래발착을 나타내는 동사 다음에 동사의 원형이 오면 목적(~하러)을 나타낸다.
Elle est allée acheter des légumes au marché.

《Tu es une drôle de bête, lui dit-il dnfin, mince comme un doigt...》

(그녀는 야채를 사러 시장에 갔다.)
Elle est venue me voir. (그녀는 나를 보러 왔었다.)

- J'[90]ai des difficultés avec une fleur.

- Ah!

- Où sont les hommes? On est un peu seul dans le désert...

- On est seul aussi chez les hommes.

- Tu es une drôle de bête, mince comme un doigt...

- Mais je suis plus puissant que le doigt d'un roi.

- Tu n'es pas bien puissant... tu n'as même pas de pattes... tu ne peux même pas voyager.

- Je puis t'emporter plus loin qu'un navire.

Celui que je touche, je [91]le rends à la terre dont il est sorti. Mais tu es pur et tu viens d'une étoile...

- Oui.

- Tu me [92]fais pitié, toi si faible, sur cette Terre de granit. Je puis t'aider un jour si tu regrettes trop ta planète. Je puis...

- Oh! J'ai très bien compris, mais pourquoi [93] parles-tu toujours par énigmes?

- Je les résous [94]toutes.

Le petit prince, [95]ayant longtemps marché à travers

---

90 avoir des difficultés avec qn : ~와 다투다. ~와 사이가 안 좋다.

91 le : 앞의 Celui que je touche를 받는다.

92 faire pitié : 불쌍한 생각이 들게 하다.

93 parler par énigmes : 수수께끼 같은 말을 하다.

94 toutes : 앞의 les(=les énigmes)를 받는 대명사로서 énigmes가 여성복수이므로 toutes의 형태를 취했다.
Les problèmes, je les résous tous.
(그 문제거리들, 나는 그것들 모두를 해결하고 있다.) - problèmes가 남성복수이므로 tous의 형태를 취했다.

95 ayant marché : 분사법 과거로서 주절보다 한 시제 앞섬을 나타낸다.

les sables, les rocs et les neiges, découvrit enfin une route, et les routes vont toutes chez les hommes et les hommes ont des jardins fleuris de roses et les roses accueillirent le petit prince.

- Bonjour, qui êtes-vous?
- Nous sommes les roses!
- Ah! Et combien êtes-vous ici?
- 4 000? 5 000?

- Et moi qui me croyais riche d'une fleur unique. Je ne pensais qu'une rose ordinaire. Il y en a 5 000 comme elles toutes semblables dans un seul jardin. Je ne suis pas un bien grand prince...

- Bonjour.
- Bonjour. Qui es-tu? Tu es bien joli...
- Je suis un renard.
- Viens jouer avec moi. Je suis tellement triste...
- Je ne puis pas jouer avec toi. Je ne suis pas apprivoisé.
- Ah! Pardon.
Qu'est-ce que signifie «apprivoiser»?
- Tu [96]n'es pas d'ici?

Ayant bien étudié le français, il peut aller étudier en France. (프랑스어를 열심히 공부하고 난 후에, 그는 프랑스로 유학 갈 수 있었다.)

96 être de : ~의 출신이다. 전치사 de는 출신을 나타낸다. 주 27번 참조
- D'où êtes-vous? (당신은 어디 출신입니까?)
- De Corée. (한국 출신입니다)

- Non.

- Que cherches-tu?

- Je cherche les hommes. Qu'est-ce que signifie «apprivoiser»?

- Les hommes, ils ont des fusils et ils chassent. C'est bien gênant!
Ils élèvent aussi des poules. C'est leur seul intérêt. Tu cherches des poules?

- Non. Je cherche des amis. Qu'est-ce que signifie «apprivoiser»?

- C'est une chose trop oubliée. Ça signifie «créer des liens...»

- Créer des liens?

- Bien sûr. Tu n'es encore pour moi qu'un petit garçon tout semblable à cent mille petits garçons. Et je [97]n'ai pas besoin de toi. Et tu n'as pas besoin de moi non plus. Je ne suis pour toi qu'un renard semblable à cent mille renards. Mais, si tu m'apprivoises, nous

aurons besoin [98]l'un de l'autre. Tu seras pour moi unique au monde. Je serai pour toi unique au monde...

- Je commence à comprendre. Il y a une fleur...
Je crois qu'elle m'a apprivoisé...

- C'est possible. On voit sur la Terre toutes sortes de choses...

- Oh! ce n'est pas sur la Terre.

- Sur une autre planète?

- Oui.

- Il y a des chasseurs, sur cette planète?

- Non.

- Ça, c'est intéressant! Et des poules?

- Non.

- Rien n'est parfait.

Ma vie est monotone. Je chasse les poules, les hommes me chassent. Toutes les poules se ressemblent, et tous les hommes se ressemblent. Je m'ennuie donc un peu. Mais, si tu m'apprivoises, ma vie sera comme ensoleillée. Je connaîtrai un bruit de pas qui sera différent de tous les autres. Les autres pas [99]me feront rentrer sous

---

97 avoir beson de : ~을 필요로 하다.

98 l'un l'autre : 서로. l'un과 l'autre사이에는 앞의 말과 관련이 있는 전치사를 꼭 넣어주어야 한다. 전치사가 필요 없을 때에는 l'un l'autre의 형태를 취한다.
Ils s'aiment l'un l'autre. (그들은 서로 사랑한다.)
Ils se parlent l'un à l'autre. (그들은 서로에게 이야기하고 있다.)
Nous aurons besoin l'un de l'autre. (우리들은 서로 필요하게 될거야.)

99 faire + inf. : ~하도록 만들다. ~하도록 시키다. 사역동사가 있는 문장에서 목적보어 대명사의 위치는 사역동사 앞이다. - 주 43번 참조
Je fais chanter Paul. (나는 뽈에게 노래를 시킨다.)
→ Je le fais chanter.
cf) J'aime regarder la mer. (나는 바다를 바라보는 것을 좋아한다.)

terre. Le tien m'appellera hors du terrier, comme une musique. Et puis regarde! Tu vois, là-bas, les champs de blé?

- Oui.

- Je ne mange pas de pain. Le blé pour moi est inutile. Les champs de blé ne me rappellent rien. Et ça, c'est triste! Mais tu as des cheveux [100]couleur d'or. Alors ce sera merveilleux quand tu m'auras apprivoisé!
Le blé, qui est doré, me fera souvenir de toi. Et j'aimerai le bruit du vent dans le blé...
S'il te plaît... apprivoise-moi!

- Je veux bien, mais je n'ai pas beaucoup de temps. J'ai des amis à découvrir et beaucoup de choses à connaître.

- On ne connaît que les choses que [101]l'on apprivoise. Les hommes n'ont plus le temps de rien connaître. Ils achètent des choses toutes faites chez les marchands. Mais comme il n'y a point de marchands d'amis, les hommes n'ont plus d'amis. Si tu veux un ami, apprivoise-moi!

- Que faut-il faire?

- Il faut être très patient. Tu t'assoiras d'abord un

→ J'aime la regarder.

100 couleur de : ~색깔의
couleur de는 수식하는 명사의 성/수에 절대 변화가 없다.
Les maisons couleur de cerise (버찌 색깔의 집들)
Les cheveux couleur d'argent (은빛 머리칼)

101 발음상 넣어주는 l' : 발음상 어감이 나쁠 때에는 l'을 써준다.
qu'on → que l'on
quand on → quand l'on

peu loin de moi, comme ça, dans l'herbe. Je te regarderai [102]du coin de l'œil et tu ne diras rien. Mais, chaque jour, tu pourras t'asseoir un peu plus près...

9 [103]Le lendemain revint le petit prince.

– [104]Il eût mieux valu revenir à la même heure. Si tu viens, par exemple, à quatre heures de l'après-midi, dès trois heures je commencerai d'être heureux. [105] Plus l'heure avancera, plus je me sentirai heureux. A quatre heures, déjà, je m'agiterai et m'inquiéterai: je découvrirai le prix du bonheur! Mais si tu viens [106] n'importe quand, je ne saurai jamais à quelle heure m'habiller le cœur...

---

102 du coin de l'œil : 은근히, 곁눈질로

103 문학적인 표현의 글에서는 자주 주어와 동사가 도치된다.
Nous murmurions des vers que nous inspirait le spectacle de la nature. (우리는 자연의 광경이 우리에게 불러 일으켜 주었던 시구들을 읊조리곤 했다.) – Chateaubriand의 글 중에서.
que이하의 주어는 le spectacle de la nature이다. nous가 주어가 될 수 없는 것은 동사가 inspirait로 3인칭 단수의 반과거 어미를 가졌기 때문이다.

104 Il eût mieux valu : il vaut mieux(~하는 편이 더 낫다)의 접속법 대과거형. 여기에서는 조건법 과거의 제2형으로서 과거의 반대사실을 나타낸다. (=il aurait mieux valu) 이처럼 접속법 대과거는 조건법 과거의 제2형으로도 쓰인다. Il est d'autres terres plus belles que je crois que j'eusse préféré. (내가 더 좋아했을 거라고 생각하는 것보다 더 아름다운 다른 땅들이 있다.) – André Gide의 글 중에서.

105 plus~, plus~ : ~하면 할수록 더욱 더 ~하다.

106 n'importe quand (언제든지), n'importe qui (누구이든지), n'importe quoi (무엇이든지)
n'importe comment (어떻게든지), n'importe où (어디든지) – 주 29번 참조

Ainsi le petit prince apprivoisa le renard. Et quand l'heure du départ fut proche :

– Je pleurerai.

– C'est ta faute. Je ne te souhaitais point le mal, mais tu as voulu que je t'apprivoise...

– Bien sûr.

– Mais tu vas pleurer!

– Bien sûr.

– Alors tu n'y [107]gagnes rien!

– J'y gagne à cause de la couleur de blé. Va revoir les roses. Tu comprendras que la tienne est unique au monde. Tu reviendras me dire adieu, et je [108]te ferai cadeau d'un secret.

Le petit prince [109]s'en fut revoir les roses, comprit que la sienne était unique au monde.

Puis il revint vers le renard :

– Adieu.

– Adieu. Voici mon secret. Il est très simple : on ne voit bien

107 gagner à : ~에서 이익을 얻다.
108 faire cadeau de qch à qn : ~에게 ~을 선물하다.
109 s'en être : 가다. (=aller) – 주 67번 비교.

Et, couché dans l'herbe, il pleura.

qu'avec le cœur. L'essentiel est invisible pour les yeux.

- L'essentiel est invisible pour les yeux.

- C'est le temps que tu as perdu pour ta rose... Qui fait ta rose si importante?

- C'est le temps que j'ai perdu pour ma rose.

- Tu deviens responsable pour toujours de ce que tu as apprivoisé. Tu es responsable de ta rose...

- Je suis responsable de ma rose...

- Ah! Ils sont bien jolis, tes souvenirs, mais je n'ai pas encore réparé mon avion et je n'ai plus rien à boire.

- Tu as soif? Cherchons un puits. J'ai soif aussi.

- Il est absurde de chercher un puits, au hasard, dans l'immensité du désert. Enfin, [110]mettons-nous en marche.

[111]Quand nous eûmes marché, des heures, en silence, la nuit tomba, et les étoiles commencèrent de s'éclairer.

---

110 se mettre en route : 출발하다

111 quand이나 lorsque절이 주절보다 한 시제 앞선 경우에는 '~한 후에~'라고 번역한다.
Quand j'aurai terminé mes devoirs, j'irai voir le film au cinéma. (나는 숙제를 끝마친 후에 영화관에 영화를 보러 갈 것이다.)
Quand절 - 전미래, 주절 - 단순미래

– Les étoiles sont belles, à cause d'une fleur que l'on ne voit pas...

– Bien sûr.

– Le désert est beau.

Ce qui embellit le désert, c'est qu'il cache un puits quelque part.

10 Le petit prince s'endormait, je le pris dans mes bras, j'étais ému. Il me semblait porter un trésor fragile. [112]Il me semblait même qu'il n'y eût rien de plus fragile sur la Terre. Je regardais, à la lumière de la lune, ce front pâle, ces yeux clos, ces mèches de cheveux qui tremblaient au vent, et je me disais : «Ce que je vois là n'est qu'une écorce. Le plus important est invisible...»

Et, marchant ainsi, je découvris le puits, au lever du jour. Et je croyais rêver car, c'était un puits de village, il n'y avait là aucun village.

– Les yeux sont aveugles, il faut chercher avec le cœur.

– Tu tiendras ta promesse.

– Quelle promesse?

– Tu sais... une muselière pour mon mouton... je suis responsable de ma rose.

---

112 il me semblait que다음에는 직설법이 오지만 드물게 접속법도 온다. eût는 avoir의 접속법 반과거.

- Je te la dessinerai.
- Tout de suite, s'il te plaît.
- Tout de suite?
- Tu sais, ma chute sur la Terre... C'en sera demain l'anniversaire...
J'étais tombé tout près d'ici...
- Alors ce n'est pas par hasard que, le matin où je t'ai connu, il y a huit jours, tu te promenais comme ça, tout seul, à mille milles de toutes les régions habitée. Hum?
Tu retournais vers le point de ta chute?
A cause, peut-être, de l'anniversaire? Hum?
- Tu dois maintenant travailler. Tu dois repartir vers ta machine.
Je t'attends ici. Reviens demain soir...

Je repartis [113]en me souvenant du renard.
On [114]risque de pleurer un peu si l'on s'est laissé apprivoiser...

Le lendemain soir, lorsque je revins de mon travail, j'aperçus de loin mon petit prince assis, à côté du puits, sur une ruine de vieux mur de pierre. A qui parlait-il?

---

113 en me souvenant du renard : se souvenir de의 Gérondif 형태. se는 주어에 따라 변한다.
Elle part pour la France en se souvenant de sa mère. (그녀는 어머니를 생각하면서 프랑스로 떠나고 있다.
114 risquer de + inf. : ~할 위험이 있다. ~할 가능이 있다.

- Tu ne t'en souviens donc pas?
- Si! Si! c'est bien le jour, mais ce n'est pas ici l'endroit.
- Bien sûr. Tu verras où commence ma trace dans le sable. Tu [115]n'as qu'à m'y attendre. J'y serai cette nuit. Tu as du bon venin?
Tu es sûr de ne pas me faire souffrir longtemps?
Maintenant, va-t'en, va-t'en! Je veux redescendre.

Alors j'abaissai les yeux vers le pied du mur, et je [116]fis un bond! Il était là, dressé vers le petit prince, un de ces serpents jaunes qui vous exécutent en trente secondes. Au bruit que je fis, il [117]disparut. Mon petit bonhomme de prince était pâle comme la neige, son cœur battait comme celui d'un oiseau qui meurt quand on l'a tiré à la carabine.

- Petit bonhomme, n'est-ce pas que c'est un mauvais rêve cette histoire de serpent et de rendez-vous et d'étoile...
- Ce qui est important, ça ne se voit pas...
- Bien sûr...
- C'est comme pour la fleur. Si tu aimes une fleur qui se trouve dans une étoile, c'est doux, la nuit, de

---

115 n'avoir qu'à + inf. : ~하기만 하면 된다. 주 77번 참조
Je n'ai qu'à me lever un peu pour apercevoir cette église par la fenêtre. (나는 창문을 통해서 그 교회를 보기 위해서는 약간 몸을 일으켜 세우기만 하면 된다.)
116 faire un bond : 껑충 뛰다. (물가가)오르다.
117 disparut : disparaître(사라지다) 동사의 단순과거.

《Maintenant, va-t'en, dit-il... Je veux redescendre!》

regarder le ciel. Toutes les étoiles sont fleuries.

- Bien sûr...

- Tu regarderas, la nuit, les étoiles.

- Oui.

- C'est [118]trop petit chez moi pour que je te montre où se trouve la mienne. C'est mieux comme ça. Mon étoile, ça sera pour toi une des étoiles, alors, toutes les étoiles, tu aimeras les regarder... Elles seront toutes tes amies. Et puis je vais te faire un cadeau...

- Ah! petit bonhomme, petit bonhomme, j'aime entendre ce rire!

- Justement ce sera mon cadeau.

- Que veux-tu dire?

- Toi, tu auras des étoiles comme personne n'en a...

- Mais comment?

- Quand tu regarderas le ciel, la nuit, puisque j'habiterai dans l'une d'elles, puisque je rirai dans l'une d'elles, alors ce sera pour toi comme si riaient toutes les étoiles. Tu auras, toi, des étoiles qui savent rire! Et quand tu seras consolé - on se console toujours - tu seras content de m'avoir connu. Tu seras toujours mon ami. Et tu auras envie de rire avec moi. Et tu ouvriras parfois la fenêtre, comme ça, [119]pour le plaisir... Et tes amis seront bien étonnés de

118 trop~pour que + 접속법 : ~하기에는 너무~하다. 너무~해서~할 수 없다. Elle est trop petite pour qu'elle aille à l'école. (그녀는 학교 다니기에는 너무 어리다. 그녀는 너무 어려서 학교에 다닐 수 없다.)

te voir rire en regardant le ciel. Alors tu leur diras: «Oui, les étoiles, ça me fait toujours rire!» Et ils [120] te croiront fou. Je t'aurai joué un bien vilain tour... Ce sera comme si je t'avais donné, au lieu d'étoiles, des tas de petits grelots qui savent rire...
Cette nuit... tu sais... ne viens pas.

– Je ne te quitterai pas.

– [121]J'aurai l'air d'avoir mal... J'aurai un peu l'air de mourir. C'est comme ça. Ne viens pas voir ça, [122]ce n'est pas la peine.

– Je ne te quitterai pas.

– Je te dis ça... C'est à cause aussi du serpent. Il ne faut pas qu'il te morde... Les serpents, c'est méchant. Ça peut mordre pour le plaisir...

– Je ne te quitterai pas.

– C'est vrai qu'ils n'ont plus de venin pour la seconde morsure...

11

Cette nuit-là je ne [123]le vis pas se mettre en route. Il s'était évadé sans bruit. Quand je réussis à le rejoindre il marchait décidé, [124]d'un pas rapide.

---

119 pour le plaisir : 그저, 아무 생각 없이

120 croire + 목적어 + 목적보어 : ~을 ~라고 생각하다.
Il la croit folle. (그는 그녀가 미쳤다고 생각한다.)
Je crois Jeanne belle. (나는 잔느가 아름답다고 생각한다.)

121 avoir l'air de : ~인 듯하다.

122 ce n'est pas la peine : 그럴 필요 없어.

123 je ne le vis pas se mettre en route : 지각동사도 사역동사와 마찬가지로 목적보어 대명사의 위치는 지각동사 앞이다. 주 43번, 99번 참조.
On voit Marie planter les choux. (마리가 배추를 심는 것이 보인다.)
→ On la voit planter les choux.

- Tu es là? Tu as tort. Tu auras de la peine. J'aurai l'air d'être mort et ce ne sera pas vrai... Tu comprends. C'est trop loin. Je ne peux pas emporter ce corps-là. c'est trop lourd.
Mais ce sera comme une vieille écorce abandonnée. Ce n'est pas triste les vieilles écorces... Ce sera tellement amusant! Tu auras cinq cents millions de grelots.
Tu sais... ma fleur... j'en suis responsable! Elle est tellement faible! Et elle est tellement naïve. Elle a quatre épines [125]de rien du tout pour la protéger contre le monde...
Voilà... C'est tout...

Il [126]n'y eut rien qu'un éclair jaune près de sa cheville. Il demeura un instant immobile. Il ne cria pas. Il tomba doucement comme tombe un arbre. Ça ne fit même pas de bruit, à cause du sable.

Ça fait six ans, déjà...

Si vous voyagez un jour en Afrique, dans le désert, et s'il vous arrive de passer par cet endroit où je tombais en panne, [127]je vous en supplie, ne vous

---

124 d'un pas rapide : 빠른 걸음걸이로
125 de rien du tout : 아무 소용없는
126 ne~rien que : ne~que의 강한 표현. 단지~밖에
127 je vous en supplie : 제발

pressez pas, attendez, un peu!

Si alors un enfant vient à vous, s'il rit, s'il a des cheveux d'or, s'il ne répond pas quand on l'interroge, vous devinerez bien qui il est. Alors soyez gentils! Ne me laissez pas tellement triste : écrivez-moi vite qu'il est revenu...

제2부 프랑스 해설문

LE PETIT PRINCE EXTRAIT

J'ai [1]vécu(vivre 과거분사형 : 살다) seul, sans personne [2]avec qui parler véritablement, jusqu'à une panne(고장) dans le désert du Sahara, il y a six ans. Quelque chose s'était cassé(se casser 대과거형 : 깨어지다) dans mon moteur. Et comme je n'avais avec moi ni mécanicien(기술자), ni passagers(승객), je [3]me préparai(se préparer 단순과거형 : 준비하다) à essayer de(애쓰다) réussir, tout seul, une réparation difficile. C'était pour moi une question de vie ou de mort (생사의 문제). J'avais [4]à peine(겨우) de l'eau à boire(마실 물) [5] pour huit jours(일주일 동안).

Le premier soir je me suis donc(그래서) endormi(s'endormir 잠들다) sur le sable [6]à mille milles de toute terre

---

1 vécu : vivre(살다) 동사의 과거분사형

2 avec qui parler : 문어체에서 주어가 확실할 경우에, 문장에 활기를 주기 위하여 동사의 원형을 쓴다. = avec qui je parlais
cf) Il faudrait leur dire que lire, et comment lire, selon leur âge. (그들의 나이에 따라 무엇을 읽을지를, 어떻게 읽어야 할지를 그들에게 말해주어야 할 것이다.)
= Il faudrait leur dire ce qu'ils lisent, et comment ils lisent, selon leur âge.

3 je me préparai à essayer de réussir~ : se préparer à + inf. (~할 준비를 하다)
cf) Elle s'est préparée à monter dans un train. (그녀는 기차에 오를 준비를 하고 있었다.)

4 à peine : 겨우
cf) Il y a à peine de quoi boire. (겨우 마실 것만 있다.)

5 pour huit jours : 일주일 동안
cf) pour quinze jours (이주일 동안)

6 à mille milles : 일천 마일 떨어진 곳에
앞의 mille은 '일천'의 뜻으로 불변하고, 뒤의 milles은 '마일'이라고 하는 보통명사이므로 복수가 되면 's'를 붙여야 한다.

habitée(사람이 사는). J'étais bien(비교급 강조) plus isolé qu'un naufragé(난파객) sur un radeau(뗏목) au milieu de l'Océan. Alors vous imaginez ma surprise, [7]au lever du jour, quand une drôle(형용사 : 이상한) de petite voix m'a réveillé.

- S'il vous plaît... dessine-moi un mouton!
- Hein?
- Dessine-moi un mouton...

J'ai sauté(펄쩍 뛰다) sur mes pieds [8]comme si j'avais été frappé par la foudre(벼락). J'ai bien frotté(비비다) mes yeux. J'ai bien regardé. Et j'ai vu un petit bonhomme [9] tout à fait extraordinaire qui me considérait gravement.

Il ne me semblait ni égaré(길 잃은), ni [10]mort de faim, ni mort de fatigue, ni mort de soif, ni mort de peur. Il [11]n'avait en rien l'apparence(용모) d'un enfant perdu (길 잃은) au milieu du désert, à mille milles de toute

---

7 au lever du jour : = au lever du soleil (해가 뜨자, 해 뜰 무렵에)

8 comme si ~ : 마치 ~인 것처럼
comme si 절은 주절보다 한 시제가 앞서야 하며, comme si 절에 올 수 있는 시제는 반과거와 대과거이다.
cf) Elles se sont mises à se parler comme si elles ne s'étaient pas vues la veille.
(그녀들은 전 날에 마치 서로 만나지 않았던 듯이, 서로에게 이야기하기 시작했다.)

9 tout à fait : 완전히, 아주

10 배고파 죽을 지경인

11 ne~en rien : 전혀 ~이 아니다
cf) Cela ne m'intéresse en rien. (그것은 전혀 나의 흥미를 끌지 못한다.)

région habitée.

- Mais... qu'est-ce que tu fais là?
- S'il vous plaît... dessine-moi un mouton...

Quand le mystère est trop impressionnant, on [12]n'ose pas désobéir [13]Aussi absurde(터무니없는) que cela me semblât, je sortis(sortir 단순과거 : 꺼내다) de ma poche une feuille de papier(종이 한 장), un stylographe(만년필), et je dessinai. Il regarda attentivement.

- Non! Celui-là est déjà très malade. [14]Fais-en un autre.

Je dessinai un autre mouton.

- Tu vois bien... ce n'est pas un mouton, c'est un bélier(숫양). Il a des cornes(뿔)...

---

12 oser + inf. : 감히 ~하다. 부정문에서 pas는 생략해도 된다.
cf) Vous n'osez rompre le silence. (당신이 감히 침묵을 깰 수는 없다.)

13 Aussi absurde que cela me semblât : aussi + 형용사(부사) + que + 접속법 (아무리 ~한다 할지라도) - semblât : sembler 동사의 접속법 반과거
cf) aussi pauvre qu'il soit (아무리 그가 가난하다 할지라도)
aussi vite qu'elle coure (그녀가 아무리 빨리 달린다 할지라도)

14 Fais-en un autre : =Fais un autre mouton. (다른 양을 만들어 줘. = 다른 양을 그려줘.)
부정형용사와 함께 쓰인 명사는 중성대명사 en으로 받을 수 있다.
cf) Je veux vous envoyer un autre médecin.
(나는 당신에게 다른 의사를 보내드리고 싶습니다.)
= Je veux vous en envoyer un autre.

Je refis(refaire 단순과거 : 다시하다) donc encore mon dessin.

- Celui-là est trop vieux. [15]Je veux un mouton qui vive(vivre 접속법 현재) longtemps.

[16]J'avais hâte de commencer le démontage(분해) de mon moteur, je griffonnai(급히쓰다) une caisse(상자) avec trois trous(구멍) d'aération(환기) et lançai(lancer 단순과거 : 던지다).

- Ça c'est la caisse. Le mouton que(관계대명사 목적격) tu veux est dedans(그안에).

- C'est tout à fait(완전히) comme ça que(강조구문 c'est ~que~ ~한 것은 바로 ~이다) je le voulais!

[17]Crois-tu qu'il faille(falloir 접속법 현재 : 필요하다) beaucoup

---

15 Je veux un mouton qui vive : 주절의 동사가 vouloir, désirer, chercher 등이고, 선행사가 직접목적보어로 쓰여서 부정관사나 부분관사가 앞에 있을 경우 관계절에서 접속법을 쓴다.

cf) Je prendrai un train qui parte dans une demi-heure.
(나는 30분 후에 떠나는 기차를 탈 것이다)
Je cherche une maison qui soit près d'ici.
(나는 이곳에서 가까이에 있는 집을 찾고 있다.)

그러나 선행사에 정관사나 지시형용사, 소유형용사가 붙으면 접속법을 쓰지 않는다.

Je cherche la maison qui est près d'ici.

16 avoir hâte de + inf. : 급히 ~하다. 몹시 ~하고 싶어하다

cf) J'avais hâte de courir pour avoir une bonne place.
(나는 좋은 자리를 차지하기 위하여 서둘러 뛰어갔다.)

17 Crois-tu qu'il faille~ : croire, espérer, penser, sentir등의 동사는 긍정문으로 쓰일 때 종속절에서 직설법이 쓰이고, 부정문과 의문문으로 쓰이면 직설법 및 접속법이 다 올 수 있다. 직설법이 올 경우는 확실한 경우이고, 접속법이 오면 확실하지 않은 사실을 말한다. - faille는 falloir동사의 접속법 현재이다.

cf) Croyez-vous que ce soit vrai?
= Doutez-vous que ce soit vrai?

d'herbe(풀) à ce mouton?

- Pourquoi?

- Parce que chez moi c'est [18]tout(부사 : 매우) petit...

- Ça suffira(suffire 단순미래 : 충분하다) sûrement. Je t'ai donné un tout petit mouton.

- [19]Pas si petit que ça... Tiens(간투사 : 어!)! Il s'est endormi(s'endormir 잠들다)...

[20]Et c'est ainsi que(그래서) je fis(faire 단순과거) la connaissance(알기, 사귀기) du petit prince.

Il me(비인칭 표현에서의 의미상의 주어는 간접목적보어 대명사를 쓴다) [21]fallut(falloir 단순과거 : 필요하다) longtemps pour comprendre [22]d'où(어디서부터) il venait.

Le petit prince, qui me posait beaucoup de questions,

(당신은 그것이 사실이라는 것을 의심하시죠?)
Je ne crois pas qu'elle aimera ce vin-là.
= Je suis sûr qu'elle n'aimera pas ce vin-là.
(나는 그녀가 이 술을 좋아하지 않으리라는 것을 확신한다.)

18 tout : 형용사 바로 앞에 쓰인 tout는 부사로서 '매우'라는 뜻을 갖는다. 자음이나 유성 h로 시작하는 여성형용사 앞에서만 성/수 변화한다.
cf) Ils sont tout petits.
Elle est tout innocente.
Elles sont toutes petites.

19 Pas si petit que ça : aussi~que의 부정은 ne~pas aussi~que, ne~pas si~que 둘 다 될 수 있다.
cf) Nous ne sommes pas aussi bêtes que ces ânes. = Nous ne sommes pas si bêtes que ces ânes. (우리는 이 당나귀들만큼은 어리석지 않다.)

20 c'est ainsi que~ : 그렇게 해서 ~하게 되다.
C'est ainsi que je fais la connaissance du petit prince.(그렇게 해서 나는 어린 왕자와 알게 됐다.)

21 fallut : falloir동사의 단순과거형

22 d'où : 어디에서부터, 전치사 de는 장소의 이탈을 나타낸다.

ne semblait jamais entendre [23]les miennes(소유대명사 : 내 질문들). Ce sont des mots prononcés [24]par hasard qui, [25]peu à peu, m'ont tout révélé(드러내다 폭로하다). Ainsi(예를들면, 따라서, 이렇게), quand il aperçut(apercevoir 단순과거 : 발견하다) pour la première fois(처음으로) mon avion,

- [26]Qu'est-ce que c'est que cette chose-là?
- Ce n'est pas une chose. Ça vole(voler 날다). C'est un avion, et mon avion.
- Comment! tu es tombé du ciel?
- Oui.
- Ah! ça c'est drôle...

Alors, toi aussi, tu viens du ciel! [27]De quelle planète(어떤 별에서부터) es-tu?
- Tu viens donc(그러면) d'une autre planète?
- C'est vrai que, là-dessus(바로 그 위에서), tu ne peux pas venir de bien loin...
- Et toi, d'où viens-tu, mon petit bonhomme? Hein? Où est-ce «chez toi»? Où veux-tu emporter mon

---

23 les miennes : 소유대명사로서 여성복수에 쓰인다. 여기에서는 mes questions을 받고 있다.

24 par hasard : 우연히, 뜻밖에 cf) au hasard 아무렇게나

25 peu à peu : 조금씩, 점점

26 Qu'est-ce que c'est que de + inf. : 'inf.'가 무엇인지
cf) Qu'est-ce que c'est que l'O.N.U.? (l'O.N.U.가 무엇인가요?)
간접의문문에서는 ce que c'est que로 된다
cf) Ils ne savent pas ce que c'est que d'être pressés. (그들은 어떤 것이 바쁜지를 모른다.)

27 De quelle planète es-tu? : 전치사 de는 출신을 나타낸다.
cf) - D'où êtes-vous? (당신은 어디 출신입니까?)
- De Séoul. (서울 출신입니다.)

mouton?

– Ce qui est bien, avec la caisse que tu m'a donnée, c'est que(Ce qui~,c'est ~que~ ~한 것은 바로 ~이다) la nuit, ça lui servira de (servir de~ : ~로 쓰이다) maison.

– Bien sûr. Et si tu es gentil, je te donnerai aussi une corde(밧줄) pour l'attacher(묶다) pendant le jour. Et un piquet(말뚝).

– L'attacher? [28]Quelle drôle d'idée!

– Si tu ne l'attache pas, il ira [29]n'importe où, et il se perdra(se perdre 단순미래 : 길을 잃다)...

– Mais où veux-tu qu'il [30]aille(그런데 아저씨는 양이 어디로 가기를 원해)?

– N'importe où(어디든지). [31]Droit devant lui...

– [32]Ça ne fait rien, c'est tellement(무척) petit, chez moi! Droit devant soi, on ne peut pas aller bien loin...

J'avais ainsi appris(apprendre 대과거 : 알다, 배우다) une chose très importante : c'est que(그것은 바로~이다) sa planète d'origine était à peine plus grande qu'une maison!

---

28 Quelle drôle d'idée! : 형용사 drôle은 명사 앞에서 형용사를 수식할 경우에 항상 전치사 de와 관사랑 함께 쓰여서 명사를 수식한다.
C'est un drôle d'individu. (그는 묘한 작자야.)

29 n'importe où : 어디든지
cf) n'importe quand (언제든지), n'importe quoi (무엇이든지)
n'importe qui (누구이든지), n'importe comment (어떻게든지)

30 aille : aller동사의 접속법 현재

31 Droit : droit가 부사로 쓰일 때에는 '똑바로, 곧장'의 뜻을 갖는다.
cf) Elle marche doit. (그녀가 곧장 걷고 있다.)

32 Ça ne fait rien : 괜찮아요. 주로 회화체에서 많이 쓰인다.

Ah! petit prince, j'ai compris, peu à peu, [33]au hasard des réflexions, ta petite vie mélancolique. Tu n'avais eu longtemps pour distraction(오락거리, 심심풀이) que la douceur(즐거움, 부드러움) des couchers de soleil(석양).

- J'aime bien les couchers de soleil. Allons voir un coucher de soleil...
- Mais il faut attendre...
- Attendre quoi?
- Attendre que le soleil se couche.
- Je me crois toujours chez moi!
- [34]En effet.

Quand il est midi aux Etats-Unis, le soleil, tout le monde le sait, se couche sur la France. Il suffirait de (조건법현재 : ~하는 것으로 충분할 것이다) pouvoir aller en France en une minute(1분 만에) pour assister au coucher de soleil. Malheureusement la France est bien trop éloignée(멀리 떨어져있는). Mais sur ta si petite planète, [35] il te suffisait de tirer(끌어당기다, 잡아당기다) ta chaise de(수량 및 정도를 나타내는 전치사 : 정도) quelques pas(몇 걸음). Et

---

33 au hasard de : ~하다가
au hasard des réflexions (곰곰이 생각하다가)

34 En effet : 사실, 실제

35 Il te suffisait de tirer~ : il suffit de + inf. (~하기만 하면 충분하다) - 비인칭표현에서의 의미상의 주어는 비인칭 주어 il과 비인칭 동사 사이에 간접목적을 넣는다.
cf) Il m'est facile d'apprendre le français. (나는 불어배우기가 쉽다.)
Il lui est possible d'aller étudier en France.
(그가 프랑스로 공부하러 가는 것은 가능하다.)

tu regardais le crépuscule(석양, 노을) [36]chaque fois que tu le désirais...

- Un jour, j'ai vu le soleil se coucher quarante-trois fois! Tu sais... quand on est tellement triste, on aime les couchers de soleil...
- Le jour des quarante-trois fois tu étais donc tellement triste?

4 Le cinquième jour, j'étais très occupé(바쁜) à [37]essayer de dévisser(나사를 풀다) un boulon(볼트, 나사못) trop serré(꽉 조여진) de mon moteur. J'étais très soucieux(걱정이 되는) car ma panne(고장) [38]commençait de m'apparaître comme très grave(매우 심각한 것으로), et [39]l'eau à boire qui s'épuisait(s'épuiser 반과거 : 고갈되다) me faisait craindre(사역동사 faire + 동사원형 : ~하게 하다) [40]le pire(mauvais의 최상급 : 최악).

---

36 chaque fois que : ~할 때마다
37 essayer de + inf. : ~하려고 애쓰다.
= chercher à + inf. = tâcher de + inf. = s'efforcer de + inf.
38 commencer de + inf. : ~하기 시작하다.
= commencer à + inf.
39 l'eau à boire : 마실 물. '명사 + à + inf.' 은 '~할 ~'로 번역한다
les livres à lire 읽을 책들 les lettres à écrire : 쓸 편지들
이럴 경우에 그 명사는 동사 원형의 목적어가 되어야 한다.
40 le pire : mauvais의 최상급
mauvais의 비교급에는 plus mauvais와 pire 두 가지가 있는데, 전자는 구체적 개념에서 쓰이고, 후자는 추상적 개념에서 쓰인다. 비교급 앞에 정관사가 붙으면 최상급이 된다.
cf) C'est le restaurant le plus mauvais du quartier.
(그것은 그 동네에서 가장 형편없는 식당이다.)
C'est la pire peine de ne savoir pourquoi mon cœur a tant de peine.
(내 마음이 왜 그토록 많은 슬픔을 느끼는가를 알지 못하는 것이 최악의 슬픔이다.)

- Un mouton, ça mange les arbustes(소관목, 작은 나무)?
- Oui.
- Et les fleurs?
- Un mouton mange tout ce qu'il rencontre(그가 만나는 모든 것).
- Même(~조차) les fleurs qui ont des épines(가시)?
- Même les fleurs qui ont des épines.
- Alors, les épines, à quoi servent-elles(servir à~ : ~에 유익하다, ~에 쓰이다)?

Les épines, à quoi servent-elles?
- Les épines, ça ne sert à rien, c'est de la pure méchanceté(악의, 심술궂은 짓) [41]de la part des fleurs!
- Ah! Je ne te crois pas! Les fleurs sont faibles. Elles sont naïves(naïf 여성형 : 순수한). Elles se rassurent(se rassurer 안심하다) comme elles peuvent. Elles se croient terribles avec leurs épines... Et tu crois, toi, que les fleurs...
- Mais non! Mais non! Je ne crois rien! J'ai répondu n'importe quoi(무엇이든지). Je m'occupe, moi, de(s'occuper de~ : ~에 전념하다) choses sérieuses!
- De choses sérieuses?
- Oui.
- Tu parles comme les grandes personnes!

Tu confonds(confondre 혼동시키다) tout... tu mélanges (섞다) tout!

Je connais une planète où il y a un Monsieur

---

41 de la part de : ~로서는

cramoisi(새빨간). Il n'a jamais respiré une fleur. Il n'a jamais regardé une étoile. Il n'a jamais aimé personne. Il n'a jamais rien fait [42]d'autre que(~이외의 다른) des additions(덧셈). Et toute la journée il répète comme toi : «Je suis un homme sérieux! Je suis un homme sérieux!» et [43]ça le fait gonfler(부어오르게 하다) d'orgueil (거만함). Mais ce n'est pas un homme, c'est un champignon (버섯)!

– Un quoi?

– Un champignon!

Il y a des millions d'années que les fleurs fabriquent des épines. Il y a des millions d'années que les moutons mangent quand même(그렇지만) les fleurs. Et ce n'est pas sérieux de chercher à(애쓰다, 노력하다) comprendre pourquoi elles se donnent tant de mal pour(~하기 위해 무척 애쓰다) se fabriquer des épines qui ne servent jamais à rien? Ce n'est pas important la guerre des moutons et des fleurs? Ce n'est pas plus sérieux et plus important que les additions d'un gros Monsieur rouge? Et si je connais, moi, une fleur unique au monde, [44]qui n'existe nulle part(partout의 부정

---

42 ne~jamais(rien) d'autre que~ : ~이외에는 결코 ~하지 않는다.

43 Ça le fait gonfler d'orgueil : '사역동사 faire + inf.' 의 형태에서 대명사의 위치는 사역동사 앞이다.
cf) C'est lui qui le fait rebâtir. (그것을 다시 짓게 한 사람은 바로 그다.)
cf) Je vais le voir. (나는 그를 곧 만날 것이다.) – 이 경우에 aller동사는 사역동사가 아니므로 대명사의 위치는 준조동사(aller)와 동사원형 사이에 들어간다.

44 qui n'existe nulle part : ne~nulle part는 partout(어디에나)의 부정 형태이다.
Vos amis ont voyagé partout. (당신의 친구들은 어디에나 여행했었다.)
→ Vos amis n'ont voyagé nulle part. (당신의 친구들은 어느 곳도 여행하지 않았다.)

ne~nulle part : 어느 곳도 아니다), sauf(제외하고) dans ma planète, et qu(앞의 si를 대신하는 대접속사 : 프랑스어는 앞에서 한번 나온 접속사를 반복하지 않는다.)'un petit mouton peut anéantir(전멸시키다) [45]d'un seul coup, comme ça, un matin, sans [46]se rendre compte de ce qu'il fait(그가 무엇을 하고 있는지), ce n'est pas important ça!

Si quelqu'un aime une fleur qui n'existe qu'à un exemplaire(샘플) dans les millions et les millions d'étoiles, ça suffit(충분하다) [47]pour qu'il soit heureux quand il les regarde. Il se dit(se dire 생각하다, 혼잣말하다) : «Ma fleur est là quelque part(어딘가에)...» et si le mouton mange la fleur, c'est pour lui comme si, brusquement, toutes les éteignaient(éteindre 반과거 : 끄다,사라지다)! Et ce n'est pas important ça!

5 La nuit était tombée. J'avais lâché(대과거 : 놓치다) mes outils(연장). Je me moquais bien de(se moquer de~ : 우습다, 비웃다) mon marteau(망치), de mon boulon, de la soif et de la mort. Il y avait, sur une étoile, une planète, [48]la mienne, la Terre, un petit prince à consoler(위로해줘야 할)! Je le pris(prendre 단순과거) dans les bras. Je le berçai(bercer 단순과거 : 흔들다). Je lui disais : «La fleur

---

45 d'un seul coup : 단번에, 한숨에
46 se rendre compte de : ~을 알아차리다. ~을 납득하다.
47 pour que : pour que (~하기 위하여) 다음에는 접속법을 쓴다.
cf) Ils le lui ont promis pour qu'il ne se fasse pas de souci.
(그들은 그가 근심을 하지 않도록 하기 위하여 그에게 그것을 약속했다.)
48 la mienne, la Terre : la mienne는 mon étoile을 받으며 la Terre와 동격이다.

que tu aimes n'est pas en danger(위험에 처해있는)... Je lui dessinerai une muselière, à ton mouton... Hum? Je te dessinerai une armure(갑옷) pour ta fleur... Je...» Ouf, je ne savais pas trop quoi dire(무엇을 말해야 할지). Je me sentais très maladroit(서투른). Je ne savais comment l'atteindre(연락을 취하다, 도달하다), où le rejoindre (다시 만나다)... C'est tellement mystérieux, le pays des larmes(눈물).

J'appris(apprendre 단순과거 : 알다, 배우다) bien vite à mieux connaître cette fleur. Elle avait germé(발아하다, 싹트다) un jour, d'une graine(씨앗) apportée d'on ne sait où(어디인지 모르는 곳에서 부터). Le petit prince sentait bien qu'il en(거기에서 부터) sortirait(조건법 현재 추측 용법 - il sort~ 비인칭 표현 : ~가 나올 것이다) une apparition(출현) miraculeuse, mais [49]la fleur n'en finissait pas de se préparer à être belle, [50]à l'abri de sa chambre verte. Elle choisissait [51] avec soin ses couleurs. Elle s'habillait lentement, elle ajustait(치장하다, 꾸미다) un à un(하나하나) ses pétales(꽃잎). Elle ne voulait pas sortir toute fripée(구질구질해진) comme les coquelicots(개양귀비꽃). Elle ne voulait apparaître que dans le plein rayonnement(찬란함) de sa beauté. Et! oui. Elle était très coquette(coquet 멋부리는)! Sa toilette(몸치장)

---

49 la fleur n'en finissait pas de~ : n'en pas finir de + inf. (한없이 계속되다)
cf) Elle n'en finit pas de raconter ses voyages.
(그녀는 한없이 그녀의 여행담을 계속 이야기하고 있다.)

50 à l'abri de : ~에서 보호되어, ~을 피해서, ~의 보호아래
cf) On vit à l'abri des lois. (누구나 법의 보호아래 살고 있다.)

51 avec soin : 주의하여, 정성 들여

mystérieuse avait donc duré des jours et des jours. Et puis voici qu'un matin, justement à l'heure du lever du soleil, elle s'était montrée.

- Ah! je me réveille à peine(이제 막, 겨우)...
[52]Je vous demande pardon...
Je suis encore toute(매우) décoiffée(머리모양이 헝클어진)...
- [53]Que vous êtes belle!
- N'est-ce pas. Et je suis née [54]en même temps que le soleil...
- Oui.
- C'est l'heure(시간이 되다), je crois, du petit déjeuner, [55]auriez-vous la bonté de penser à moi..?

Et le petit prince, tout(부사 매우) confus(혼란스러운), [56] ayant été chercher un arrosoir(물뿌리개) d'eau fraîche(frais 여성형 : 신선한), avait servi(섬기다, 시중들다) la fleur. [57]Ainsi

---

52 Je vous demande pardon : 죄송합니다. 용서하세요.

53 Que + 평서문 : 평서문의 앞에 Que나 Comme 또는 Ce que를 놓으면 감탄문이 된다.
Il fait très chaud aujourd'hui.
→ Qu'il fait chaud aujourd'hui!
→ Ce qu'il fait chaud aujourd'hui!

54 en même temps que~ : ~과 동시에

55 auriez-vous la bonté de + inf. : 제발 ~해 주십시오. (조건법으로 더 완곡한 표현이 되고 있다.) - 조건법을 쓸 경우 주어가 있어야 된다.
cf) Ayez la bonté de m'indiquer le jour de la visite. (죄송합니다만, 저에게 방문 날짜를 알려주십시오.) - 명령법이 쓰였으므로 주어가 필요 없다.

56 ayant été chercher : être다음에 동사원형이 오면 aller의 뜻을 갖는다. 과거시제에서 사용한다.
cf) J'ai été voir ma sœur à Paris.(나는 나의 여동생을 보러 빠리에 갔었다.)
ayant été는 être의 분사법 과거이다.

57 Ainsi l'avait-elle bien vite toumenté~ : Ainsi, Sans doute, Peut-être,

l'avait-elle bien vite tourmenté(고통을 주다, 괴롭히다) par sa vanité(허영심) un peu ombrageuse(까다로운, 화를 잘 내는). Un jour, par exemple, parlant(현재분사 : 말하면서, 말할 때) de ses quatre épines,

- Ils peuvent venir, les tigres, avec leurs griffes(발톱)!
- Il n'y a pas de tigres sur ma planète, et puis les tigres ne mangent pas d'herbe.
- Je ne suis pas une herbe.
- Pardonnez-moi...
- Je ne crains rien des tigres, mais [58]j'ai horreur des courants(흐름) d'air. Vous n'auriez(avoir의 조건법현재 : 부드러운 표현을 만든다) pas un paravant(병풍)? Et puis, le soir, mettez-moi sous globe(반구형 유리 용기). Il fait très froid chez vous. C'est mal installé(설치된, 갖추어진). Là d'où je viens(내가 온 곳에는)...

Mais elle s'était interrompue(s'interrompre 대과거 : 말을 중단하다). Elle était venue sous forme de(~의 형태로) graine. Elle n'avait rien pu connaître des autres mondes. [59]Humiliée(수치스러운) de s'être laissé(~하게 되다) surprendre à préparer un mensonge(거짓말) aussi(그

Aussi등이 문장 앞에 오면 주어와 동사를 도치시킨다.
cf) Peut-être, ne dit-on pas assez aux enfants comment il faut lire.(아마, 사람들은 아이들에게 책을 어떻게 읽어야 할지를 충분히 말하고 있지 않다.)

58 J'ai horreur de : avoir horreur de (~을 몹시 싫어하다.)

59 s'être laissé surprendre à : se laisser surprendre à (par) (~에 속아 넘어가다, ~이 발각되다)

렇게도, 그처럼) naïf(순수한), elle avait toussé(기침하다) deux ou trois fois, [60]pour mettre le petit prince dans son tort(잘못). Et le petit prince, malgré(불구하고) la bonne volonté de son amour, avait vite douté d'(의심하다)elle. [61]Il avait pris au sérieux des mots sans importance, et était devenue très malheureux. «[62]J'aurais dû ne pas l'écouter, il ne faut jamais écouter les fleurs. Il faut les regarder et les respirer. La mienne embaumait(향기롭게하다) ma planète, mais je ne savais pas [63]m'en réjouir. Elle m'embaumait et m'éclairait. Je n'aurais jamais dû(결코~하지 말았어야 했다) m'enfuir(s'enfuir 도망치다)! J'aurais dû deviner(짐작하다) sa tendresse derrière ses pauvres ruses(간계, 계략). Les fleurs sont si cont-radictoires(모순이 많은)! Mais [64]j'étais trop jeune pour savoir l'aimer.»

6 Je crois qu'il profita, pour son évasion(탈주, 도망), d'(profiter de~ : ~를 이용하다) une migration(이주,이동) d'oiseaux sauvages(야생의). Il arrosa(arroser 단순과거 : 물을 주다) une

---

60 pour mettre le petit prince dans son tort : mettre qn dans son tort (~에게 죄를 뒤집어씌우다)

61 Il avait pris au sérieux des mots : prendre qch au sérieux ~을 중시하다

62 J'aurais dû ne pas l'écouter : devoir의 조건법 과거는 과거와의 반대 사실 및 과거의 사실에 대한 후회를 나타내 '~했어야 했다'로 번역한다.
cf) Tu aurais dû aller voir le maire. (너는 시장을 만나러 갔어야 했다.)

63 m'en réjouir : se réjouir de + inf. (~인 것을 기뻐하다)
en은 de이하를 받은 중성대명사이다.

64 J'étais trop jeune pour savoir l'aimer : trop~pour (너무~해서~할 수 없다)
cf) Il parle trop vite pour être compris.
(그는 너무 빨리 이야기해서 그의 말을 이해할 수가 없다.)
= Il parle trop vite pour qu'on le comprenne.

dernière fois la fleur, se prépara à la mettre à l'abri sous son globe, il se découvrit (se découvrir 단순과거 : 알아차리다) l'envie de pleurer(울고 싶은 욕망).

- Adieu.
- Adieu.
- J'ai été sotte(sot 어리석은). Je te demande pardon. Tâche d'(tâcher de~ ~하려고 노력하다) être heureux. Je t'aime.
- Oui, je t'aime.
- Mais oui. Tu n'en as rien su, par ma faute(잘못). Ça n'a aucune importance. Mais tu as été aussi sot que moi. Tâche d'être heureux... Laisse ce globe tranquille. Je n'en veux plus.
- Mais le vent...
- Oh, je ne suis pas si enrhumée(감기 걸린) que ça(그 정도로는 감기에 걸리지 않아 : aussi~que~ 의 부정 표현)... L'air frais de la nuit me fera du bien. Je suis une fleur.
- Mais les bêtes(벌레, 짐승)..
- Il faut bien que je supporte(견디다, 참다) deux ou trois chenilles(애벌레, 송충이) si je veux connaître les papillons(나비). [65]Il paraît que c'est tellement beau. [66] Sinon qui me rendra visite? Tu seras loin, toi.

---

65 Il paraît que + 직설법 : ~처럼 보인다, ~인 것 같다.
그러나 il semble que 다음에는 꼭 접속법이 와야 한다.
cf) Il semble que tu sois fatigué. (너는 피곤한 것 같다.)
Il paraît que tu es fatigué.
두 문장의 차이는 접속법이 온 경우는 확실히 알지는 못하겠지만 피곤한 것처럼 보이는 것이며, 직설법이 온 경우는 확실히 피곤하다는 것을 아는 경우에 쓴다. 즉, 직설법이란 있는 그대로의 사실을 말한다.

66 Sinon qui me rendra visite? : 그렇지 않으면 누가 나를 만나러 오겠어?

Quantaux(~에 관해 말하자면) grosses bêtes, je ne crains rien, j'ai mes griffes. Ne traîne(질질 끌다) pas comme ça, c'est agaçant(성가신, 짜증나게 하는). Tu as décidé de partir. [67]Va-t'en(가.).

Le petit prince [68]commença par visiter les planètes voisines pour y chercher une occupation(머무를 곳) et pour s'instruire(교양을 쌓다). La première était habitée par un roi, la seconde par un vaniteux(허영심이 많은 사람), la troisième par un buveur(술꾼), la quatrième par un businessman, le gros Monsieur cramoisi de tout à l'heure. Après chaque visite, le petit prince se disait(se dire 혼잣말하다, 생각하다) en lui-même(자신의 마음 속 깊이), les grandes personnes étaient décidément(정말이지, 확실히) très très bizarre(이상한).

La cinquième planète était fort(매우) curieuse. C'était la plus petite de toutes. Il y avait là juste assez de place pour loger(재우다, 묵게하다) un réverbère(가로등) et un allumeur(점등인) de réverbères. Le petit prince ne [69] parvenait pas à [70]s'expliquer à quoi pouvaient servir(servirà~

---

67 Va-t'en : s'en aller동사의 2인칭 단수명령법
Allons-nous-en (갑시다. - 1인칭 복수)
Allez-vous-en (가세요. - 2인칭 단/복수)
Va-t'en (가. - 2인칭 단수)
s'en aller는 aller와 같은 뜻으로 어떤 사람이나 어떤 장소를 떠난다는 것을 강조해 주는 의미이다.,s'en은 아무런 뜻 없이 쓰인 허사이다.

68 commencer par + inf. : 우선 ~하는 것부터 시작하다.

69 parvenir à + inf. : ~하기에 이르다. ~할 수 있게 되다. (=réussir à + inf.)

70 s'expliquer : 이해되다. 납득이 가다
Elle ne s'explique pas comment il a fait cela.

~에 쓰이다), quelque part(어딘가에) dans le ciel, sur une planète [71]sans maison, ni population, un réverbère et un allumeur de réverbères.

Quand il allume son réverbère, c'est comme s'il faisait naître une étoile [72]de plus, ou une fleur. Quandil éteint(éteindre 끄다) son réverbère, ça endort la fleur ou l'étoile. C'est une occupation très jolie. C'est véritablement utile puisque c'est joli.

- Bonjour. Pourquoi viens-tu d'éteindre ton réverbère?
- C'est la consigne(명령, 지시문). Bonjour.
- Qu'est-ce que la consigne?
- C'est d'éteindre mon réverbère. Et, bonsoir.
- Mais pourquoi viens-tu de le rallumer?
- C'est la consigne.
- Je ne comprends pas.
- [73]Il n'y a rien à comprendre. La consigne, c'est

(그녀는 어떻게 그가 그렇게 했는지 모른다.)

71 sans maison, ni population : ni는 부정과 부정을 연결해주는 연결어이다.
On ne se doute pas que cette ville est si ancienne ni qu'elle a subi tant de ruines.
(사람들은 그 도시가 그토록 오래되었고, 그렇게 많은 폐허를 겪었는지를 짐작하지 못한다.)
→ 위 문장에서 ni는 앞 문장이 부정으로 되어있는 것을 뒷문장도 부정이 되게끔 연결해주고 있다.

72 de plus : 있는 상태에서 추가되는 것을 말한다.
L'omnibus stoppait tous les cinq cents mètres pour charger un secrétaire de plus, un douanier de plus, un inspecteur. (통근버스는 비서 한 명, 세관원 한 명, 그리고 마지막으로 감독관을 싣기 위하여 500미터마다 멈추었다.) - Saint-Exupéry의 '인간의 대지'중에서

73 Il n'y a rien à comprendre : 부정대명사 quelque chose나 rien등 뒤에 동사원형이 오면 전치사 à가 와야 된다.

la consigne. Bonjour. Je fais là un métier terrible. Autrefois, c'était raisonnable. J'éteignais(éteindre 반과거 : 끄다) le matin et j'allumais le soir. J'avais le reste du jour pour me reposer(쉬다), le reste de la nuit pour dormir...

- Et, depuis cette époque, la consigne a changé?

- La consigne n'a pas changé. C'est bien là [74]le drame! La planète [75]d'année en année a tourné de plus en plus(점점 더) vite, et la consigne n'a pas changé!

- Alors?

- Alors maintenant qu'(~한 지금) elle fait un tour(한 바퀴 돌다) par minute, je n'ai plus une seconde de repos. J'allume et j'éteins une fois par minute!

- Ça c'est drôle! Alors, les jours chez toi durent une minute!

- Non. Ce n'est pas drôle du tout. Ça fait déjà un mois que(~한지~되다 : 이미 한 달이 되다) nous parlons ensemble.

- Un mois?

- Oui. Trente minutes. Trente jours! Et, bonsoir.

- Tu sais... je connais un moyen de te reposer quand tu voudras...

Il n'y a rien à faire. (어쩔 도리가 없다.)
Elle se lève pour chercher dans sa valise quelque chose à manger. (그녀는 가방 안에서 먹을 것을 찾기 위해 일어난다.)

74 le drame : 비극(=une tragédie)
le drame de ma vie (내 인생의 비극)

75 d'année en année : 해마다, 매년(d'une année à l'autre)

- Je veux toujours.

- Ta planète est [76]tellement petite que tu en fais le tour en(~만에) trois enjambées(큰 걸음). Tu [77]n'as qu'à marcher assez lentement pour rester toujours au soleil. Quand tu voudras te reposer tu marcheras... et le jour durera aussi longtemps que tu voudras.

- Ça ne [78]m'avance pas à grand-chose(대단한 것). [79] Ce que j'aime dans la vie, c'est dormir.

- Ce n'est pas de chance.

- Ce n'est pas de chance. Bonjour.

- Ah! C'est [80]le seul dont j'eusse pu [81]faire mon ami. Mais sa planète est vraiment trop petite. Il n'y

---

76 tellement + 형용사(부사, 과거분사) + que : 너무~해서~하다.
J'ai tellement marché que j'ai envie de dormir.
(나는 너무 걸어서 잠자고 싶다.)

77 n'avoir qu'à + inf. : ~하기만 하면 된다.
Je n'ai qu'à me redresser un peu pour apercevoir le jardin. (나는 정원을 보기 위해서 약간 몸을 일으켜 세우기만 하면 된다.)

78 avancer : ~의 도움이 되다. ~의 이익이 되다.
A quoi cela m'avancera-t-il? (그것이 나에게 무슨 이익이 있겠습니까?)

79 Ce que~, c'est~ : ~인 것은 바로 ~이다.
Ce qu'il est important dans sa vie, c'est lire.
(그의 인생에 있어서 중요한 것은 바로 책을 읽는 것이다.)

80 선행사에 최상급의 의미나 유일한 개념을 나타낼 때에는 관계절에서 접속법을 쓴다. j'eusse pu는 pouvoir동사의 접속법 대과거형이다.
접속법 대과거는 'avoir나 être의 접속법 반과거 + 과거분사'로 만들며, 과거완료를 나타낸다.
L'homme est le seul animal qui sache parler.
(인간은 말할 수 있는 유일한 동물이다.) - sache는 savoir동사의 접속법 현재형
Tu avais regretté qu'il ne fût pas né comme toi en Alsace. (너는 그가 너처럼 알사스 지방에서 태어나지 않았다는 것을 섭섭해 했었다.) - fût né는 naître동사의 접속법 대과거형. fût는 être동사의 접속법 반과거.

81 faire un ami : 친구로 삼다.

a pas de place pour deux...

[82]Ce que le petit prince ne voulait pas s'avouer c'est qu'il [83]regrettait cette planète bénie(축복받은) à cause surtout des mille quatre cent quarante couchers de soleil par 24 heures.

La sixième planète était habitée par un géographe, qui conseilla au petit prince d'aller visiter la planète Terre. «Elle [84]a bonne réputation», lui dit-il.

8 La septième planète fut(être 단순과거) donc la Terre. Le petit prince [85]fut bien surpris de n'y voir personne. Il avait peur de [86]s'être trompé de planète, quand un anneau(고리, 반지) couleur de lune remua(remuer 단순과거 : 움직이다) dans le sable, un serpent(뱀)! [87]A tout hasard, le petit prince lui souhaita :

- Bonne nuit.
- Bonne nuit.
- Sur quelle planète suis-je tombé?

---

82 Ce que~ c'est que + 절 : ~인 것은 바로 ~이기 때문이다.
Ce que je ne l'ai pas salué, c'est que je ne l'ai pas vu. (내가 그에게 인사하지 않았던 것은 그를 못 보았기 때문이었다.) - 주 79번 참조

83 regretter : 그리워하다. 못 잊다
Elle regrette sa mère. (그녀는 어머니를 그리워하고 있다.)

84 avoir bonne réputation. 평판이 좋다
cf) avoir mauvaise réputation. 평판이 나쁘다

85 être surpris de : ~에 대해서 놀라다.

86 se tromper de : ~을 잘못 알다.

87 A tout hasard : 어찌 되든 간에, 툭

- Sur la Terre, en Afrique.
- Ah! Il n'y a donc personne sur la Terre?
- Ici, c'est le désert. Il n'y a personne dans les déserts. La Terre est grande.
- Regarde ma planète. Elle est juste [88]au-dessus de nous...
- Elle est belle. Que [89]viens-tu faire ici?
- J' [90]ai des difficultés avec une fleur.
- Ah!
- Où sont les hommes? On est un peu seul dans le désert...
- On est seul aussi chez les hommes.
- Tu es une drôle de bête, mince comme un doigt (손가락)...
- Mais je suis plus puissant que le doigt d'un roi.
- Tu n'es pas bien puissant... tu n'as même(심지어) pas de pattes(동물의 다리)... tu ne peux même pas voyager.
- Je puis t'emporter plus loin qu'un navire(배, 선박).

Celui que je touche(내가 건드린 것은), je [91]le rends à la terre dont il est sorti(그가 나왔었던 땅으로 되돌려 보낼 수 있다). Mais tu es pur et tu viens d'une étoile...

---

88 Au-dessus de : ~의 바로 위에
cf) au-dessous de : ~의 바로 아래에

89 venir + inf. : ~하러 오다.
왕래발착을 나타내는 동사 다음에 동사의 원형이 오면 목적(~하러)을 나타낸다.
Elle est allée acheter des légumes au marché.
(그녀는 야채를 사러 시장에 갔다.)
Elle est venue me voir. (그녀는 나를 보러 왔었다.)

90 avoir des difficultés avec qn : ~와 다투다. ~와 사이가 안 좋다.

91 le : 앞의 Celui que je touche를 받는다.

- Oui.

- Tu me [92]fais pitié, toi si faible, sur cette Terre de granit(화강암). Je puis(puvoir 동사의 제2형) t'aider un jour si tu regrettes trop ta planète. Je puis...

- Oh! J'ai très bien compris, mais pourquoi [93]parles-tu toujours par énigmes?

- Je les résous(résoudre 해결하다) [94]toutes.

Le petit prince, [95]ayant longtemps marché à travers les sables, les rocs et lesneiges, découvrit enfin une route, et les routes vont toutes chez les hommes et les hommes ont des jardins fleuris de roses et les roses accueillirent(accueillir 단순과거 : 맞이하다) le petit prince.

- Bonjour, qui êtes-vous?
- Nous sommes les roses!
- Ah! Et combien êtes-vous ici?
- 4 000? 5 000?

- Et moi qui me croyais riche d'une fleur unique. Je

---

92 faire pitié : 불쌍한 생각이 들게 하다.

93 parler par énigmes : 수수께끼 같은 말을 하다.

94 toutes : 앞의 les(=les énigmes)를 받는 대명사로서 énigmes가 여성 복수이므로 toutes의 형태를 취했다.
Les problèmes, je les résous tous.
(그 문제거리들, 나는 그것들 모두를 해결하고 있다.) - problèmes가 남성 복수이므로 tous의 형태를 취했다.

95 ayant marché : 분사법 과거로서 주절보다 한 시제 앞섬을 나타낸다.
Ayant bien étudié le français, il peut aller étudier en France. (프랑스어를 열심히 공부하고 난 후에, 그는 프랑스로 유학 갈 수 있었다.)

ne pensais qu'une rose ordinaire. Il y en(장미를 대신해서 받는 중성대명사) a 5 000 comme elles toutes semblables dans un seul jardin.
Je ne suis pas un bien grand prince...

- Bonjour.
- Bonjour. Qui es-tu? Tu es bien joli...
- Je suis un renard(여우).
- Viens jouer avec moi. Je suis tellement triste...
- Je ne puis pas jouer avec toi. Je ne suis pas apprivoisé(길들여진).
- Ah! Pardon.
Qu'est-ce que signifie(~의 뜻이 뭐야?) «apprivoiser»?
- Tu [96]n'es pas d'ici?
- Non.
- Que cherches-tu?
- Je cherche les hommes. Qu'est-ce que signifie «apprivoiser»?
- Les hommes, ils ont des fusils(소총) et ils chassent (사냥하다).
C'est bien gênant(성가시게 하는)! Ils élèvent(élever 키우다) aussi des poules. C'est leur seul intérêt. Tu cherches des poules?
- Non. Je cherche des amis. Qu'est-ce que signifie «apprivoiser»?

---

96 être de : ~의 출신이다. 전치사 de는 출신을 나타낸다. 주 27번 참조
- D'où êtes-vous? (당신은 어디 출신입니까?)
- De Corée. (한국 출신입니다)

- C'est une chose trop oubliée. Ça signifie «créer des liens(친분 관계를 맺다)...»

- Créer des liens?

- Bien sûr. Tu n'es encore pour moi qu'un petit garçon tout semblable à cent mille(10만) petits garçons. Et je [97]n'ai pas besoin de toi. Et tu n'as pas besoin de moi non plus(aussi의 부정). Je ne suis pour toi qu'un renard semblable à cent mille renards. Mais, si tu m'apprivoises, nous aurons besoin [98]l'un de l'autre. Tu seras pour moi unique au monde. Je serai pour toi unique au monde...

- Je commence à comprendre. Il y a une fleur... Je crois qu'elle m'a apprivoisé...

- C'est possible. On voit sur la Terre toutes sortes de choses...

- Oh! ce n'est pas sur la Terre.

- Sur une autre planète?

- Oui.

- Il y a des chasseurs(사냥꾼), sur cette planète?

- Non.

- Ça, c'est intéressant! Et des poules?

- Non.

- Rien n'est parfait(그 어떤 것도 완벽한건 없어).

---

97 avoir beson de : ~을 필요로 하다.

98 l'un l'autre : 서로. l'un과 l'autre사이에는 앞의 말과 관련이 있는 전치사를 꼭 넣어주어야 한다. 전치사가 필요 없을 때에는 l'un l'autre의 형태를 취한다.
Ils s'aiment l'un l'autre. (그들은 서로 사랑한다.)
Ils se parlent l'un à l'autre. (그들은 서로에게 이야기하고 있다.)
Nous aurons besoin l'un de l'autre. (우리들은 서로 필요하게 될 거야.)

Ma vie est monotone. Je chasse les poules, les hommes me chassent. Toutes les poules se ressemblent(서로 닮다), et tous les hommes se ressemblent. Je m'ennuie(s'ennuyer 지루하다) donc(그래서) un peu. Mais, si tu m'apprivoises, ma vie sera comme ensoleillée(햇빛을 받은 것처럼, 환하게). Je connaîtrai un bruit de pas(발걸음 소리) qui sera différent de tous les autres. Les autres(다른 것들) pas [99]me feront rentrer sous terre. Le tien(너의 것) m'appellera hors du terrier(굴 바깥으로), comme une musique. Et puis regarde! Tu vois, là-bas, les champs de blé?

- Oui.

- Je ne mange pas de pain. Le blé pour moi est inutile. Les champs de blé ne me rappellent(rappeler 상기시켜 주다) rien. Et ça, c'est triste! Mais tu as des cheveux [100]couleur d'or. Alors ce sera merveilleux quand tu m'auras apprivoisé(전미래)!

Le blé, qui est doré(금빛의), me fera souvenir de toi(나로 하여금 너를 기억나게 할 것이다). Et j'aimerai le bruit du vent dans le blé... S'il te plaît... apprivoise-moi!

- Je veux bien, mais je n'ai pas beaucoup de temps. J'ai des amis à découvrir et beaucoup de

---

99 faire + inf. : ~하도록 만들다. ~하도록 시키다. 사역동사가 있는 문장에서 목적보어 대명사의 위치는 사역동사 앞이다. - 주 43번 참조

Je fais chanter Paul. (나는 뽈에게 노래를 시킨다.)

→ Je le fais chanter.

cf) J'aime regarder la mer. (나는 바다를 바라보는 것을 좋아한다.)

→ J'aime la regarder.

100 couleur de : ~색깔의

couleur de는 수식하는 명사의 성/수에 절대 변화가 없다.

Les maisons couleur de cerise (버찌 색깔의 집들)

Les cheveux couleur d'argent (은빛 머리칼)

choses à connaître.

- On ne connaît que les choses que [101]l'onapprivoise. Les hommes n'ont plus le temps de rien connaître. Ils achètent des choses toutes faites(매우 잘 만들어져 있는 것들) chez les marchands.

Mais comme il n'y a point(ne~point 조금도 아니다) de marchands d'amis, les hommes n'ont plus d'amis. Si tu veux un ami, apprivoise-moi!

- Que faut-il faire?

- Il faut être très patient(인내심이 있는). Tu t'assoiras(s'asseoir 단순미래 : 가벼운 명령) d'abord un peu loin de moi, comme ça, dans l'herbe. Je te regarderai [102]du coin de l'œil et tu ne diras rien(아무 말도 하지마). Mais, chaque jour, tu pourras t'asseoir un peu plus près...

9 [103]Le lendemain revint(revenir 단순과거) le petit prince.

- [104]Il eût mieux valu revenir à la même heure. Si

---

101 발음상 넣어주는 l' : 발음상 어감이 나쁠 때에는 l'을 써준다.
qu'on → que l'on
quand on → quand l'on

102 du coin de l'œil : 은근히, 곁눈질로

103 문학적인 표현의 글에서는 자주 주어와 동사가 도치된다.
Nous murmurions des vers que nous inspirait le spectacle de la nature. (우리는 자연의 광경이 우리에게 불러 일으켜 주었던 시구들을 읊조리곤 했다.) - Chateaubriand의 글 중에서.
que이하의 주어는 le spectacle de la nature이다. nous가 주어가 될 수 없는 것은 동사가 inspirait로 3인칭 단수의 반과거 어미를 가졌기 때문이다.

104 Il eût mieux valu : il vaut mieux(~하는 편이 더 낫다)의 접속법 대과거형. 여기에서는 조건법 과거의 제2형으로서 과거의 반대사실을 나타낸다. (=il aurait mieux valu) 이처럼 접속법 대과거는 조건법 과거의 제2형으로도 쓰인다.
Il est d'autres terres plus belles que je crois que j'eusse préféré. (내가

tu viens, par exemple, à quatre heures de l'après-midi, dès trois heures(3시부터) je commencerai d'être heureux. [105]Plus l'heure avancera(시간이 흐를수록 더욱 더), plus je me sentirai heureux. A quatre heures, déjà, je m'agiterai(s'agiter 흥분하다, 동요하다) et m'inquiéterai : je découvrirai le prix du bonheur! Mais si tu viens [106]n'importe quand, je ne saurai jamais à quelle heure m'habiller le cœur...

Ainsi le petit prince apprivoisa le renard. Et quand l'heure du départ fut proche :

- Je pleurerai.
- C'est ta faute(잘못, 실수). Je ne te souhaitais point le mal, mais tu as voulu que je t'apprivoise...
- Bien sûr.
- Mais tu vas pleurer!
- Bien sûr.
- Alors tu n'y [107]gagnes rien!
- J'y gagne à cause de la couleur de blé. Va revoir les roses. Tu comprendras que la tienne(소유대명사 : 너의 것) est unique au monde. Tu reviendras me dire

---

더 좋아했을 거라고 생각하는 것보다 더 아름다운 다른 땅들이 있다.) - André Gide의 글 중에서.

105 plus~, plus~ : ~하면 할수록 더욱 더 ~하다.

106 n'importe quand (언제든지), n'importe qui (누구이든지), n'importe quoi (무엇이든지)
n'importe comment (어떻게든지), n'importe où (어디든지) - 주 29번 참조

107 gagner à : ~에서 이익을 얻다.

adieu, et je [108]te ferai cadeaud'unsecret.

Le petit prince [109]s'en fut revoir les roses, comprit(comprendre 단순과거) que la sienne(소유대명사 : 그의 것) était unique au monde.

Puis il revint(revenir 단순과거) vers le renard :

- Adieu.
- Adieu. Voici mon secret. Il est très simple : on ne voit bien qu'avec le cœur. L'essentiel(중요한 것) est invisible(보이지 않는) pour les yeux.
- L'essentiel est invisible pour les yeux.
- C'est le temps que tu as perdu pour ta rose...
Qui fait ta rose si importante(faire A B : A를 B하게 하다)?
- C'est le temps que j'ai perdu pour ma rose.
- Tu deviens responsable pour toujours(영원히) de ce que tu as apprivoisé.
Tu es responsable de ta rose...
- Je suis responsable de ma rose...

- Ah! Ils sont bien jolis, tes souvenirs, mais je n'ai pas encore réparé(수리하다) mon avion et je n'ai plus rien à boire(마실 것이 더 이상 전혀 없다).
- Tu as soif? Cherchons un puits(우물).
J'ai soif aussi.

---

108 faire cadeau de qch à qn : ~에게 ~을 선물하다.
109 s'en être : 가다. (=aller) - 주 67번 비교.

- Il est absurde de(비인칭 구문 : ~하는 것은 터무니없다) chercher un puits, au hasard(무작정, 무턱대고), dans l'immensité du désert(거대한 사막에서).
Enfin, [110]mettons-nous en marche.

[111]Quand nous eûmes marché(전과거), des heures, en silence, la nuit tomba(단순과거), et les étoiles com-mencèrent(단순과거) de s'éclairer(환해지다).

- Les étoiles sont belles, à cause d'une fleur que l'on ne voit pas...
- Bien sûr.
- Le désert est beau.

Ce qui embellit(아름답게 하다) le désert, c'est qu'il cache(숨기다) un puits quelque part(어딘가에).

10 Le petit prince s'endormait, je le pris(prendre 단순과거) dans mes bras, j'étais ému(감동받은). Il me semblait porter un trésor(보물) fragile. [112]Il me semblait même qu'il n'y eût rien de(quelque chose나 rien 다음에 형용사가 오면 전치사 de를 쓴다) plus fragile(깨지기 쉬운, 약한) sur la Terre. Je regardais, à la lumière de la lune, ce

---

110 se mettre en route : 출발하다

111 quand이나 lorsque절이 주절보다 한 시제 앞선 경우에는 '~한 후에~'라고 번역한다.
Quand j'aurai terminé mes devoirs, j'irai voir le film au cinéma. (나는 숙제를 끝마친 후에 영화관에 영화를 보러 갈 것이다.)
Quand절 - 전미래, 주절 - 단순미래

112 il me semblait que다음에는 직설법이 오지만 드물게 접속법도 온다. eût는 avoir의 접속법 반과거.

front(이마) pâle(창백한 이마), ces yeux clos(닫힌 눈들), ces mèches(머리 타래, 심지) de cheveux qui tremblaient au vent, et je me disais(se dire 생각하다): «Ce que je vois (내가 보고있는 것) là n'est qu'une écorce(껍질). Le plus important est invisible...»

Et, marchant ainsi(이렇게 걸으면서), je découvris(단순과거) le puits, au lever du jour(해뜰 무렵에). Et je croyais rêver car, c'était un puits de village, il n'y avait là aucun village.

- Les yeux sont aveugles(보이지 않는, 장님), il faut chercher avec le cœur.
- Tu tiendras ta promesse(tenir sa promesse 약속을 지키다).
- Quelle promesse?
- Tu sais... une muselière(짐승의 부리망) pour mon mouton... je suis responsable de ma rose.
- Je te la dessinerai.
- Tout de suite, s'il te plaît.
- Tout de suite?
- Tu sais, ma chute sur la Terre... C'en sera demain l'anniversaire...
J'étais tombé tout près d'ici...
- Alors ce n'est pas par hasard(우연히) que, le matin où je t'ai connu, il y a huit jours, tu te promenais comme ça, tout seul, à mille milles de toutes les régions habitée. Hum?

Tu retournais vers le point de ta chute(너의 추락 지점 쪽으로)?
A cause, peut-être, de l'anniversaire? Hum?
- Tu dois maintenant travailler. Tu dois repartir vers ta machine.
Je t'attends ici. Reviens demain soir...

Je repartis(repartir 단순과거 : 다시 떠나다) [113]en me souvenant du renard.
On [114]risque de pleurer un peu si l'on s'est laissé apprivoiser(se laisser + 동사원형 : ~하게 되다)...

Le lendemain soir, lorsque je revins(revenir 단순과거) de mon travail, j'aperçus(apercevoir 단순과거) de loin mon petit prince assis, à côté du puits, sur une ruine(폐허) de vieux mur de pierre. A qui parlait-il?

- Tu ne t'en souviens donc(도대체) pas?
- Si! Si! c'est bien le jour, mais ce n'est pas ici l'endroit.
- Bien sûr. Tu verras où commence ma trace(흔적, 자취) dans le sable. Tu [115]n'as qu'à m'y attendre. J'y serai

---

113 en me souvenant du renard : se souvenir de의 Gérondif 형태. se는 주어에 따라 변한다.
Elle part pour la France en se souvenant de sa mère. (그녀는 어머니를 생각하면서 프랑스로 떠나고 있다.

114 risquer de + inf. : ~할 위험이 있다. ~할 가능이 있다.

115 n'avoir qu'à + inf. : ~하기만 하면 된다. 주 77번 참조
Je n'ai qu'à me lever un peu pour apercevoir cette église par la fenêtre. (나는 창문을 통해서 그 교회를 보기 위해서는 약간 몸을 일으켜 세우기만 하

cette nuit. Tu as du bon venin(독)?
Tu es sûr de ne pas(동사원형을 부정할 때는 부정 표현이 함께 앞으로 나온다) me faire souffrir longtemps?
Maintenant, va-t'en, va-t'en! Je veux redescendre.

Alors j'abaissai(abaisser 단순과거 : 내리다) les yeux vers le pied du mur, et je [116]fis(faire 단순과거) un bond! Il était là, dressé(몸을 세운 채) vers le petit prince, un de ces serpents jaunes qui vous exécutent(사형시키다, 살해하다) en trente secondes(30초 만에). Au bruit que je fis(faire 단순과거), il [117]disparut(단순과거 : 사라지다). Mon petit bonhomme de prince était pâle(창백한) comme la neige, son cœur battait(때리다, 뛰다) comme celui d'un oiseau qui meurt quand on l'a tiré(총쏘다) à la carabine(소총, 카빈총).

 - Petit bonhomme, n'est-ce pas que c'est un mauvais rêve cette histoire de serpent et de rendez-vous et d'étoile...
 - Ce qui est important, ça ne se voit pas(수동적 대명동사 : 보여지는 것이 아니다)...
 - Bien sûr...
 - C'est comme pour la fleur. Si tu aimes une fleur qui se trouve dans une étoile, c'est doux, la nuit, de regarder le ciel. Toutes les étoiles sont fleuries.

면 된다.)
116 faire un bond : 껑충 뛰다. (물가가)오르다.
117 disparut : disparaître(사라지다) 동사의 단순과거.

- Bien sûr...
- Tu regarderas, la nuit, les étoiles.
- Oui.
- C'est [118]trop petit chez moi pour que je te montre où se trouve la mienne. C'est mieux comme ça. Mon étoile, ça sera pour toi une des étoiles, alors, toutes les étoiles, tu aimeras les regarder... Elles seront toutes tes amies. Et puis je vais te faire un cadeau...
- Ah! petit bonhomme, petit bonhomme, j'aime entendre ce rire(웃음)!
- Justement ce sera mon cadeau.
- Que veux-tu dire?
- Toi, tu auras des étoiles comme personne n'en a...
- Mais comment?
- Quand tu regarderas le ciel, la nuit, puisque j'habiterai dans l'une d'elles, puisque je rirai dans l'une d'elles, alors ce sera pour toi comme si riaient(rire 반과거 : 마치 모든 별들이 웃는 것처럼) toutes les étoiles. Tu auras, toi, des étoiles qui savent rire! Et quand tu seras consolé(위안받은, 위로받은) - on se console toujours - tu seras content de m'avoir connu. Tu seras toujours mon ami. Et tu auras envie de rire avec moi. Et tu ouvriras parfois la fenêtre,

---

118 trop~pour que + 접속법 : ~하기에는 너무~하다. 너무~해서~할 수 없다. Elle est trop petite pour qu'elle aille à l'école. (그녀는 학교 다니기에는 너무 어리다. 그녀는 너무 어려서 학교에 다닐 수 없다.)

comme ça, [119]pour le plaisir... Et tes amis seront bien étonnés de te voir rire en regardant le ciel. Alors tu leur diras : «Oui, les étoiles, ça me fait toujours rire!» Et ils [120]te croiront fou. Je t'aurai joué(전미래) un bien vilain(추한, 나쁜) tour(jouer un tour à qn : ~에게 장난쳐서 골탕 먹이다, ~을 속이다)...
Ce sera comme si(마치~인 것처럼) je t'avais donné, au lieu d'(~대신에) étoiles, des tas de(수많은) petits grelots (방울) qui savent rire...
Cette nuit... tu sais... ne viens pas.

– Je ne te quitterai pas.

– [121]J'aurai l'air d'avoir mal... J'aurai un peu l'air de mourir. C'est comme ça. Ne viens pas voir ça, [122]ce n'est pas la peine.

– Je ne te quitterai pas.

– Je te dis ça... C'est à cause aussi du serpent. Il ne faut pas qu'il te morde(mordre 물다)... Les serpents, c'est méchant(고약한, 나쁜). Ça peut mordre pour le plaisir...

– Je ne te quitterai pas.

– C'est vrai qu'ils n'ont plus de venin pour la seconde morsure(물기, 물어뜯기)...

---

119 pour le plaisir : 그저, 아무 생각 없이
120 croire + 목적어 + 목적보어 : ~을 ~라고 생각하다.
Il la croit folle. (그는 그녀가 미쳤다고 생각한다.)
Je crois Jeanne belle. (나는 쟌느가 아름답다고 생각한다.)
121 avoir l'air de : ~인 듯하다.
122 ce n'est pas la peine : 그럴 필요 없어.

11 Cette nuit-là je ne [123]le vis(voir 단순과거) pas se mettre en route(길을 떠나다). Il s'était évadé(s'évader 탈출하다) sans bruit. Quand je réussis à le rejoindre il marchait décidé(단호한, 확실한), [124]d'un pas rapide.

- Tu es là? Tu as tort(avoir tort 틀리다). Tu auras de la peine. J'aurai l'air d'être mort et ce ne sera pas vrai... Tu comprends. C'est trop loin. Je ne peux pas emporter ce corps-là. c'est trop lourd.
Mais ce sera comme une vieille écorce abandonnée(버려진). Ce n'est pas triste les vieilles écorces... Ce sera tellement amusant! Tu auras cinq cents millions de grelots.
Tu sais... ma fleur... j'en suis responsable! Elle est tellement faible! Et elle est tellement naïve(naïf 순수한). Elle a quatre épines(가시) [125]de rien du tout pour la protéger contre le monde...
Voilà... C'est tout...

Il [126]n'y eut(avoir 단순과거) rien qu'un éclair(번개, 섬광) jaune près de sa cheville(발목). Il demeura(단순과거 : ~한 상태로 있는) un instant(잠시) immobile. Il ne cria pas.

---

123 je ne le vis pas se mettre en route : 지각동사도 사역동사와 마찬가지로 목적보어 대명사의 위치는 지각동사 앞이다. 주 43번, 99번 참조.
On voit Marie planter les choux. (마리가 배추를 심는 것이 보인다.)
→ On la voit planter les choux.

124 d'un pas rapide : 빠른 걸음걸이로

125 de rien du tout : 아무 소용없는

126 ne~rien que : ne~que의 강한 표현. 단지~밖에

Il tomba doucement comme tombe un arbre(주어, 동사 도치 구문 : 마치 나무가 쓰러지듯이). Ça ne fit(faire 단순과거) même pas de bruit, à cause du sable.

Ça fait six ans, déjà(벌써 6년이 되었다)...
Si vous voyagez un jour en Afrique, dans le désert, et s'il vous arrive de(비인칭 구문 당신에게 ~일이 일어난다면) passer par cet endroit où je tombais en panne(tomber en panne 고장이 나다), [127]je vous en supplie, ne vous pressez pas(서두르지 마세요), attendez, un peu!

Si alors un enfant vient à vous, s'il rit, s'il a des cheveux d'or, s'il ne répond pas quand on l'interroge, vous devinerez(짐작하다) bien qui il est(그가 누구인지를). Alors soyez gentils! Ne me laissez pas tellement triste : écrivez-moi vite qu'il est revenu...

---

127 je vous en supplie : 제발

제3부 듣기평가

LE PETIT PRINCE EXTRAIT

* CD를 반복해서 듣고 빈칸에 들어갈 말을 써보세요.

1 (　　　　) seul, sans personne (　　　　　　　) véritablement, jusqu'à une panne dans le désert du Sahara, il y a six ans.

Quelque chose (　　　　　) dans mon moteur. Et comme je n'avais avec moi ni mécanicien, ni passagers, (　　　　　　　) essayer de réussir, tout seul, une réparation difficile. C'était pour moi une question de vie ou de mort. J'avais à peine de l'eau (　　　　　　　　　).

Le premier soir je me suis donc endormi sur le sable (　　　　　　) de toute terre habitée. J'étais bien (　　　　　　　　　　) sur un radeau au milieu de l'Océan. Alors vous imaginez ma surprise, au lever du jour, (　　　　　　　　) m'a réveillé.

- S'il vous plaît... dessine-moi un mouton!
- Hein?
- Dessine-moi un mouton...

J'ai sauté sur mes pieds comme si ( ). J'ai bien frotté mes yeux. J'ai bien regardé. Et j'ai vu un petit bonhomme tout à fait extraordinaire ( ) gravement.

Il ne me semblait ( ), ni mort de fatigue, ni mort de soif, ni mort de peur. ( ) d'un enfant perdu au milieu du désert, à mille milles de toute région habitée.

- Mais... qu'est-ce que tu fais là?
- S'il vous plaît... dessine-moi un mouton...

Quand le mystère est trop impressionnant, on ( ). Aussi absurde que cela me semblât, je sortis de ma poche une feuille de papier, un stylographe, et je dessinai. Il regarda attentivement.

- Non! Celui-là est déjà très malade. ( ).

Je dessinai un autre mouton.

- Tu vois bien... ce n'est pas un mouton, c'est un bélier. Il a des cornes...

(   ) mon dessin.

-Celui-là est trop vieux. Je veux un mouton (   ) longtemps.

(   ) le démontage de mon moteur, je griffonnai une caisse avec (   ).

- Ça c'est la caisse. Le mouton que tu veux est dedans.

- C'est tout à fait comme ça que je le voulais! Crois-tu (   ) à ce mouton?

- Pourquoi?

- Parce que chez moi c'est tout petit...

- Ça suffira sûrement. Je t'ai donné un tout petit mouton.

- Pas si petit que ça... Tiens! Il s'est endormi...

Et (   ) du petit prince.

2 (   ) longtemps pour comprendre (

).

Le petit prince, qui me posait beaucoup de questions, ne semblait jamais entendre les miennes.

Ce sont (   ) qui, peu à peu, m'ont tout révélé. Ainsi, (   ) pour la première fois mon avion,

- Qu'est-ce que c'est que cette chose-là?
- Ce n'est pas une chose. Ça vole. C'est un avion, et mon avion.
- Comment! tu es tombé du ciel?
- Oui.
- Ah! ça c'est drôle...

Alors, toi aussi, tu viens du ciel! De quelle planète es-tu?

- Tu viens donc d'une autre planète?
- C'est vrai que, là-dessus, tu ne peux pas venir de bien loin...
- Et toi, (   ), mon petit bonhomme? Hein? Où est-ce «chez toi»? Où veux-tu emporter mon mouton?
- Ce qui est bien, avec la caisse que tu m'a donnée, c'est que, la nuit, ça lui servira de maison.
- Bien sûr. Et si tu es gentil, je te donnerai

aussi une corde pour l'attacher pendant le jour. Et un piquet.

- L'attacher? (   )!

- Si tu ne l'attache pas, il ira n'importe où, et il se perdra...

- Mais où veux-tu (   )?

- N'importe où. Droit devant lui...

- Ça ne fait rien, c'est tellement petit, chez moi! Droit devant soi, on ne peut pas aller bien loin...

J'avais ainsi appris une chose très importante : c'est que sa planète d'origine était à peine plus grande qu'une maison!

Ah! petit prince, j'ai compris, peu à peu, au hasard des réflexions, ta petite vie mélancolique. (   ) la douceur des couchers de soleil.

- J'aime bien les couchers de soleil. Allons voir un coucher de soleil...

- Mais il faut attendre...

- Attendre quoi?

- Attendre que le soleil se couche.

- Je me crois toujours chez moi!

- En effet.

Quand il est midi aux Etats-Unis, le soleil, tout le monde le sait, se couche sur la France. (   ) pouvoir aller en France en une minute pour assister au coucher de soleil. Malheureusement la France est bien trop éloignée. Mais sur ta si petite planète, (   ) tirer ta chaise (   ). Et (   ) chaque fois que tu le désirais...

- Un jour, j'ai vu le soleil se coucher quarante-trois fois! Tu sais... quand on est tellement triste, on aime les couchers de soleil...
- Le jour des quarante-trois fois tu étais donc tellement triste?

Le cinquième jour, j'étais très occupé à essayer de (   ) de mon moteur. J'étais très soucieux car ma panne commençait de m'apparaître comme très grave, et l'eau à boire (   ) me faisait craindre (   ).

- Un mouton, ça mange les arbustes?
- Oui.
- Et les fleurs?
- Un mouton mange tout ce qu'il rencontre.
- Même les fleurs qui ont des épines?

- Même les fleurs qui ont des épines.

- Alors, les épines, (   )?

Les épines, (   )?

- Les épines, (   ), c'est de la pure méchanceté (   )!

- Ah! Je ne te crois pas! Les fleurs sont faibles. (   ). Elles (   ) comme elles peuvent. Elles se croient terribles avec leurs épines... Et tu crois, toi, que les fleurs...

- Mais non! Mais non! Je ne crois rien! J'ai répondu n'importe quoi. Je m'occupe, moi, de choses sérieuses!

- De choses sérieuses?

- Oui.

- Tu parles comme les grandes personnes!

(   )... tu mélanges tout!

Je connais une planète où il y a un Monsieur cramoisi. Il n'a jamais respiré une fleur. Il n'a jamais regardé une étoile. Il n'a jamais aimé personne. Il n'a jamais rien fait (   ). Et toute la journée il répète comme toi : «Je suis un homme sérieux! Je suis un homme sérieux!» et ça le fait gonfler d'orgueil. Mais ce n'est pas un homme, c'est un champignon!

- Un quoi?

- Un champignon!

Il y a des millions d'années que les fleurs fabriquent des épines. Il y a des millions d'années que les moutons mangent quand même les fleurs. Et ce n'est pas sérieux de chercher à comprendre pourquoi elles se donnent tant de mal pour se fabriquer des épines ( )? Ce n'est pas important la guerre des moutons et des fleurs? Ce n'est pas plus sérieux et plus important que les additions d'un gros Monsieur rouge? Et si je connais, moi, une fleur unique au monde, ( ), sauf dans ma planète, et qu'un petit mouton peut ( ), comme ça, un matin, ( ), ce n'est pas important ça!

Si quelqu'un aime une fleur qui n'existe qu'à un exemplaire dans les millions et les millions d'étoiles, ça suffit pour qu'il soit heureux quand il les regarde. Il se dit :«Ma fleur est là quelque part...» et si le mouton mange la fleur, c'est pour lui comme si, brusquement, ( )! Et ce n'est pas important ça!

5 La nuit était tombée. ( ). Je me moquais bien de mon marteau, de mon

boulon, de la soif et de la mort. Il y avait, sur une étoile, une planète, la mienne, la Terre, un petit prince à consoler! ( ) dans les bras. ( ). Je lui disais : «La fleur que tu aimes n'est pas en danger... Je lui dessinerai une muselière, à ton mouton... Hum? Je te dessinerai une armure pour ta fleur... Je...» Ouf, ( ). Je me sentais très maladroit. Je ne savais ( ), où le rejoindre... C'est tellement mystérieux, le pays des larmes.

( ) bien vite à mieux connaître cette fleur. Elle avait germé un jour, d'une graine ( ). Le petit prince sentait bien ( ), mais la fleur ( ) à être belle, ( ) sa chambre verte. Elle choisissait avec soin ses couleurs. Elle s'habillait lentement, elle ajustait un à un ses pétales. Elle ne voulait pas sortir toute fripée comme les coquelicots. Elle ne voulait apparaître que ( ). Et! oui. Elle était très coquette! Sa toilette mystérieuse avait donc duré des jours et des jours. Et puis voici qu'un matin, justement à l'heure du lever du soleil,

(   ).

- Ah! je me réveille à peine...
Je vous demande pardon...
Je suis encore (   )...
- Que vous êtes belle!
- N'est-ce pas. Et je suis née en même temps que le soleil...
- Oui.
- C'est l'heure, je crois, du petit déjeuner, (   ) de penser à moi...?

Et le petit prince, (   ), (   ) d'eau fraîche, avait servi la fleur. (   ) par sa vanité un peu ombrageuse. Un jour, par exemple, parlant de ses quatre épines,

- Ils peuvent venir, les tigres, avec leurs griffes!
- Il n'y a pas de tigres sur ma planète, et puis les tigres ne mangent pas d'herbe.
- Je ne suis pas une herbe.
- Pardonnez-moi...
- Je ne crains rien des tigres, mais (   ). (   )? Et puis, le soir, mettez-moi sous globe.

Il fait très froid chez vous. C'est mal installé. ( )...

Mais ( ). Elle était venue sous forme de graine. Elle n'avait rien pu connaître des autres mondes. ( ) à préparer un mensonge aussi naïf, elle avait toussé deux ou trois fois, pour mettre le petit prince ( ). Et le petit prince, malgré la bonne volonté de son amour, avait vite douté d'elle. Il avait pris au sérieux des mots sans importance, et était devenue très malheureux.«( ), il ne faut jamais écouter les fleurs. Il faut les regarder et les respirer. ( ) ma planète, mais je ne savais pas ( ). Elle m'embaumait et m'éclairait. ( )! J'aurais dû deviner sa tendresse derrière ses pauvres ruses. Les fleurs sont si contradictoires! Mais j'étais trop jeune pour savoir l'aimer.»

6 Je crois qu'il profita, pour son évasion, d'une migration d'oiseaux sauvages. Il arrosa une dernière fois la fleur, se prépara à la mettre à l'abri sous son globe, (

).

– Adieu.

– Adieu.

– J'ai été sotte. Je te demande pardon. Tâche d'être heureux. Je t'aime.

– Oui, je t'aime.

– Mais oui. (   ), par ma faute. Ça n'a aucune importance. Mais tu as été aussi sot que moi. Tâche d'être heureux... Laisse ce globe tranquille. Je n'en veux plus.

– Mais le vent...

– Oh, (   )... L'air frais de la nuit me fera du bien. Je suis une fleur.

– Mais les bêtes...

– Il faut bien que je supporte deux ou trois chenilles si je veux connaître les papillons. Il paraît que c'est tellement beau. Sinon qui me rendra visite? Tu seras loin, toi.

                    ), je ne crains rien, j'ai mes griffes. Ne traîne pas comme ça, c'est agaçant. Tu as décidé de partir. (   ).

7 Le petit prince commença par visiter les planètes voisines pour y chercher une occupation et (

).

La première était habitée par un roi, la seconde par un vaniteux, la troisième par un buveur, la quatrième par un businessman, le gros Monsieur cramoisi de tout à l'heure. Après chaque visite, le petit prince se disait en lui-même, les grandes personnes étaient décidément très très bizarres.

La cinquième planète était fort curieuse. C'était la plus petite de toutes. Il y avait là juste assez de place pour loger un réverbère et un allumeur de réverbères. Le petit prince ( ) à quoi pouvaient servir, quelque part dans le ciel, sur une planète sans maison, ni population, un réverbère et un allumeur de réverbères.

Quand il allume son réverbère, c'est comme s'il faisait naître une étoile de plus, ou une fleur. ( ), ça endort la fleur ou l'étoile. C'est une occupation très jolie. C'est véritablement utile puisque c'est joli.

- Bonjour. ( )?
- C'est la consigne. Bonjour.
- Qu'est-ce que la consigne?

- C'est d'éteindre mon réverbère. Et, bonsoir.
- Mais pourquoi viens-tu de le rallumer?
- C'est la consigne.
- Je ne comprends pas.
- Il n'y a rien à comprendre. La consigne, c'est la consigne. Bonjour. Je fais là un métier terrible. Autrefois, c'était raisonnable. (   ) le matin et (   ) le soir. J'avais le reste du jour pour me reposer, le reste de la nuit pour dormir...
- Et, depuis cette époque, la consigne a changé?
- La consigne n'a pas changé. C'est bien là le drame! La planète d'année en année a tourné de plus en plus vite, et la consigne n'a pas changé!
- Alors?
- Alors maintenant qu'elle fait un tour par minute, je n'ai plus une seconde de repos. J'allume et (   ) par minute!
- Ça c'est drôle! Alors, les jours chez toi durent une minute!
- Non. Ce n'est pas drôle du tout. Ça fait déjà un mois que nous parlons ensemble.
- Un mois?
- Oui. Trente minutes. Trente jours! Et, bonsoir.
- Tu sais... je connais un moyen de te reposer quand tu voudras...
- Je veux toujours.

- Ta planète est tellement petite que (
). (
) assez lentement pour rester toujours au soleil. Quand tu voudras te reposer tu marcheras... et le jour durera aussi longtemps que tu voudras.

- ( ). Ce que j'aime dans la vie, c'est dormir.
- Ce n'est pas de chance.
- Ce n'est pas de chance. Bonjour.

Ah! C'est le seul dont j'eusse pu faire mon ami. Mais sa planète est vraiment trop petite. Il n'y a pas de place pour deux...

Ce que le petit prince ne voulait pas s'avouer ( ) à cause surtout des mille quatre cent quarante couchers de soleil par 24 heures.

La sixième planète ( ) par un géographe, qui conseilla au petit prince d'aller visiter la planète Terre. «Elle a bonne réputation», lui dit-il.

8 La septième planète ( ) la Terre. Le petit prince ( ). Il

avait peur (   ), quand un anneau couleur de lune remua dans le sable, un serpent! (   ), le petit prince lui souhaita :

- Bonne nuit.
- Bonne nuit.
- Sur quelle planète suis-je tombé?
- Sur la Terre, en Afrique.
- Ah! Il n'y a donc personne sur la Terre?
- Ici, c'est le désert. Il n'y a personne dans les déserts. La Terre est grande.
- Regarde ma planète. Elle est juste au-dessus de nous...
- Elle est belle. Que viens-tu faire ici?
- J'ai des difficultés avec une fleur.
- Ah!
- Où sont les hommes? On est un peu seul dans le désert...
- On est seul aussi chez les hommes.
- Tu es (   ), mince comme un doigt...
- Mais je suis (
).
- Tu n'es pas bien puissant... tu n'as même pas de pattes... tu ne peux même pas voyager.

- Je (   ).

Celui que je touche, (

). Mais tu es pur et tu viens d'une étoile...

- Oui.

- Tu me fais pitié, toi si faible, sur cette Terre de granit. Je (   ) un jour si tu regrettes trop ta planète. Je puis...

- Oh! J'ai très bien compris, mais pourquoi parles-tu toujours (   )?

- (   ).

Le petit prince, (

                        ), les rocs et les neiges, découvrit enfin une route, et les routes vont toutes chez les hommes et les hommes ont des jardins fleuris de roses et les roses accueillirent le petit prince.

- Bonjour, qui êtes-vous?

- Nous sommes les roses!

- Ah! Et combien êtes-vous ici?

- 4.000? 5.000?

- Et moi qui me croyais riche d'une fleur unique. Je ne pensais qu'une rose ordinaire. Il y en a 5

000 comme elles toutes semblables dans un seul jardin. Je ne suis pas un bien grand prince...

- Bonjour.
- Bonjour. Qui es-tu? Tu es bien joli...
- Je suis un renard.
- Viens jouer avec moi. Je suis tellement triste...
- Je ne puis pas jouer avec toi. (
).
- Ah! Pardon.

Qu'est-ce que signifie «apprivoiser»?
- Tu n'es pas d'ici?
- Non.
- Que cherches-tu?
- Je cherche les hommes. Qu'est-ce que signifie «apprivoiser»?
- Les hommes, ils ont des fusils et ils chassent. ( )!
( ) aussi des poules. C'est leur seul intérêt. Tu cherches des poules?
- Non. Je cherche des amis. Qu'est-ce que signifie «apprivoiser»?
- C'est une chose trop oubliée. Ça signifie «créer des liens...»
- Créer des liens?
- Bien sûr. Tu n'es encore pour moi qu'un petit

garçon tout semblable à cent mille petits garçons. Et je n'ai pas besoin de toi. Et tu n'as pas besoin de moi (   ). Je ne suis pour toi qu'un renard semblable à cent mille renards. Mais, si tu m'apprivoises, nous aurons besoin l'un de l'autre. Tu seras pour moi unique au monde. Je serai pour toi unique au monde...

- Je commence à comprendre. Il y a une fleur... Je crois qu'elle m'a apprivoisé...

- C'est possible. On voit sur la Terre toutes sortes de choses...

- Oh! ce n'est pas sur la Terre.

- Sur une autre planète?

- Oui.

- Il y a des chasseurs, sur cette planète?

- Non.

- Ça, c'est intéressant! Et des poules?

- Non.

- (   ).

Ma vie est monotone. Je chasse les poules, les hommes me chassent. Toutes les poules se ressemblent, et tous les hommes se ressemblent. (   ). Mais, si tu m'apprivoises, ma vie sera (   ). Je connaîtrai un bruit de pas qui sera différent de tous les autres. Les autres pas me feront rentrer sous terre. ( ), comme une musique. Et puis regarde! Tu vois, là-bas, les champs de blé?

- Oui.

- Je ne mange pas de pain. Le blé pour moi est inutile. Les champs de blé ne me rappellent rien. Et ça, c'est triste! Mais tu as ( ). Alors ce sera merveilleux quand tu ( )!
Le blé, qui est doré, me fera souvenir de toi. Et j'aimerai le bruit du vent dans le blé...
S'il te plaît... apprivoise-moi!

- Je veux bien, mais je n'ai pas beaucoup de temps. J'ai des amis à découvrir et beaucoup de choses à connaître.

- On ne connaît que les choses que l'on apprivoise. Les hommes n'ont plus le temps de rien connaître. Ils achètent des choses toutes faites chez les marchands. Mais comme il n'y a point de marchands d'amis, ( ). Si tu veux un ami, apprivoise-moi!

- Que faut-il faire?

- Il faut être très patient. ( ) d'abord un peu loin de moi, comme ça, dans l'herbe. Je te regarderai ( ) et tu ne diras rien. Mais, chaque jour, tu pourras t'asseoir un peu plus près...

Le lendemain revint le petit prince.

– Il eût mieux valu revenir à la même heure. Si tu viens, par exemple, à quatre heures de l'après-midi, dès trois heures je commencerai d'être heureux. (   ), plus je me sentirai heureux. A quatre heures, déjà, (   ) et m'inquiéterai : je découvrirai le prix du bonheur! Mais si tu viens n'importe quand, je ne saurai jamais à quelle heure m'habiller le cœur...

Ainsi le petit prince apprivoisa le renard. Et quand l'heure du départ fut proche :

– Je pleurerai.

– C'est ta faute. (   ), mais tu as voulu que je t'apprivoise...

– Bien sûr.

– Mais tu vas pleurer!

– Bien sûr.

– Alors tu n'y gagnes rien!

– J'y gagne à cause de la couleur de blé. Va revoir les roses. Tu comprendras que la tienne est unique au monde. Tu reviendras me dire adieu, et je te ferai cadeau d'un secret.

Le petit prince (   ) les roses, comprit que la sienne était unique au monde.

Puis il revint vers le renard :

- Adieu.
- Adieu. Voici mon secret. Il est très simple : on ne voit bien qu'avec le cœur. (
).
- (   ).
- C'est le temps que tu as perdu pour ta rose...
Qui fait ta rose si importante?
- C'est le temps que j'ai perdu pour ma rose.
- Tu deviens responsable pour toujours de ce que tu as apprivoisé.
Tu es responsable de ta rose...
- Je suis responsable de ma rose...

- Ah! Ils sont bien jolis, tes souvenirs, mais je n'ai pas encore réparé mon avion et je n'ai plus rien à boire.
- Tu as soif? Cherchons un puits.
J'ai soif aussi.

– (

), dans l'immensité du désert. Enfin, mettons-nous en marche.

Quand nous eûmes marché, des heures, en silence, la nuit tomba, et (

).

– Les étoiles sont belles, à cause d'une fleur que l'on ne voit pas...

– Bien sûr.

– Le désert est beau.

( ), (

).

10 Le petit prince s'endormait, je le pris dans mes bras, ( ). Il me semblait porter un trésor fragile. Il me semblait même qu'il n'y eût rien de plus fragile sur la Terre. Je regardais, à la lumière de la lune, ( ), ces mèches de cheveux qui tremblaient au vent, et je me disais : «Ce que je vois là n'est qu'une écorce. Le plus important est invisible...»

Et, marchant ainsi, je découvris le puits, au lever du jour. Et je croyais rêver car, c'était un puits de village, il n'y avait là aucun village.

- (   ), il faut chercher avec le cœur.

- Tu tiendras ta promesse.

- Quelle promesse?

- Tu sais... une muselière pour mon mouton... je suis responsable de ma rose.

- Je te la dessinerai.

- Tout de suite, s'il te plaît.

- Tout de suite?

- Tu sais, ma chute sur la Terre... C'en sera demain l'anniversaire...

J'étais tombé tout près d'ici...

- Alors ce n'est pas par hasard que, le matin où je t'ai connu, il y a huit jours, tu te promenais comme ça, tout seul, à mille milles de toutes les régions habitée. Hum?

Tu retournais (   )?

A cause, peut-être, de l'anniversaire? Hum?

- Tu dois maintenant travailler. Tu dois repartir vers ta machine.

Je t'attends ici. Reviens demain soir...

Je repartis en me souvenant du renard.

On risque de pleurer un peu (

)...

Le lendemain soir, lorsque je revins de mon travail, ( ), à côté du puits, ( ). A qui parlait-il?

- ( )?

- Si! Si! c'est bien le jour, mais ce n'est pas ici l'endroit.

- Bien sûr. Tu verras où commence ma trace dans le sable. ( ). J'y serai cette nuit. - ( )? ( ) longtemps? Maintenant, ( )! Je veux redescendre.

Alors ( ) vers le pied du mur, et ( )! Il était là, dressé vers le petit prince, un de ces serpents jaunes ( ). Au bruit que ( ). Mon petit bonhomme de prince était pâle comme la neige, son cœur battait ( ) quand on l'a tiré à la carabine.

- Petit bonhomme, n'est-ce pas que c'est un

mauvais rêve cette histoire de serpent et de rendez-vous et d'étoile...

- Ce qui est important, (   )...

- Bien sûr...

- C'est comme pour la fleur. Si tu aimes une fleur qui se trouve dans une étoile, (   ), la nuit, de regarder le ciel. Toutes les étoiles sont fleuries.

- Bien sûr...

- Tu regarderas, la nuit, les étoiles.

- Oui.

- C'est trop petit chez moi pour que je te montre où se trouve la mienne. C'est mieux comme ça. Mon étoile, ça sera pour toi une des étoiles, alors, toutes les étoiles, tu aimeras les regarder... Elles seront toutes tes amies. Et puis je vais te faire un cadeau...

- Ah! petit bonhomme, petit bonhomme, j'aime entendre ce rire!

- Justement ce sera mon cadeau.

- Que veux-tu dire?

- Toi, tu auras des étoiles comme personne n'en a...

- Mais comment?

- Quand tu regarderas le ciel, la nuit, puisque j'habiterai dans l'une d'elles, puisque je rirai dans l'une d'elles, alors ce sera pour toi (   ). Tu auras, toi, des étoiles qui savent rire! Et quand tu seras consolé - on se console toujours - tu seras content de m'avoir connu. Tu seras toujours mon ami. Et tu auras envie de rire avec moi. Et tu ouvriras parfois la fenêtre, comme ça, pour le plaisir... Et tes amis seront bien étonnés de te voir rire en regardant le ciel. Alors tu leur diras:«Oui, les étoiles, ça me fait toujours rire!» Et (   ). (   )... Ce sera comme si je t'avais donné, (   ), des tas de petits grelots qui savent rire...

Cette nuit... tu sais... ne viens pas.

- Je ne te quitterai pas.

- (   )... (   ). C'est comme ça. Ne viens pas voir ça, (   ).

- Je ne te quitterai pas.

- Je te dis ça... C'est à cause aussi du serpent. Il ne faut pas qu'il te morde... Les serpents, c'est méchant. Ça peut mordre pour le plaisir...

- Je ne te quitterai pas.

- C'est vrai qu'ils n'ont plus de venin pour la seconde morsure...

11 Cette nuit-là (
). ( ). Quand je réussis à le rejoindre il marchait (
).

- Tu es là? Tu as tort. Tu auras de la peine. J'aurai l'air d'être mort et ce ne sera pas vrai... Tu comprends. C'est trop loin. Je ne peux pas ( ).
Mais ce sera comme une vieille écorce abandonnée. Ce n'est pas triste les vieilles écorces... Ce sera tellement amusant! Tu auras cinq cents millions de grelots.
Tu sais... ma fleur... j'en suis responsable! Elle est tellement faible! Et ( ).
Elle a quatre épines de rien du tout pour la protéger contre le monde...
Voilà... C'est tout...

( ) près de sa cheville. Il demeura un instant immobile. Il ne cria pas. Il tomba doucement ( ).
( ), à cause du sable.

Ça fait six ans, déjà...
Si vous voyagez un jour en Afrique, dans le

désert, et (

) où je tombais en panne, je vous en supplie, ( ), attendez, un peu!

Si alors un enfant vient à vous, (

), s'il ne répond pas quand on l'interroge, ( ). Alors ( )! Ne me laissez pas tellement triste : écrivez-moi vite qu'il est revenu...

제4부 한글번역

어린왕자 발췌본

나는 6년 전에 비행기 고장으로 해서 사하라 사막에 내렸을 때까지는, 어느 누구 하나 진정한 이야기 나눌 사람없이 홀로 살아왔다. 엔진의 무엇인가가 고장이 났었다. 하지만 주위에는 기술자도 승객도 없었기 때문에 그렇게 어려운 작업을 혼자 할 수 밖에 없었다. 그것은 나에게 있어서 생사의 문제였다. 나에게는 겨우 일주일 동안 마실 물 밖에 없었다.

첫날 저녁에 나는 사람들이 사는 곳에서 부터 수천 킬로미터 떨어진 모래위에서 잠이 들어버렸다. 망망대해 한가운데에 뗏목위에 있는 난파객 보다 더 고립되어 있었다. 그러니 새벽녘에 이상한 작은 목소리로 해서 내가 깨어났을 때의 나의 놀라움은 여러분들이 상상하고도 남을 것이다.

- 양 한 마리만 그려줘!
- 응?
- 양 한 마리만 그려줘…

나는 벼락을 맞은 것처럼 벌떡 일어났다. 눈을 비비고 바라보았다. 나를 뚫어지게 바라보고 있는 매우 기이한 꼬마가 보였다.

그 꼬마는 길을 잃은 것 같지도, 배고파하지도, 피곤해하지도, 목이 마르지도, 무서워하지도 않는 것 같았다. 사람이 사는 곳에서 수천 킬로미터 떨어져 있는 사막의 한가운데에서, 길을 잃어버린 어린애의 모습이라고는 전혀 없었다.

- 그런데… 너는 거기서 뭐하고 있는 거니?
- 아저씨… 양 한 마리만 그려줘…

신비스러운 분위기에 너무 깊이 빠져 있을 때는, 감히 거역할 수 없게 된다. 이러한 상황에서 상식 밖의 일인 것처럼 보이지만, 나는 주머니에서 종이 한 장과 만년필을 꺼냈다. 그리고는 그려주었다. 그는 찬찬히 보고 있었다.

- 아니야! 그것은 벌써 병이 들었어. 다른 양을 그려줘.

나는 또 다른 양을 그려 주었다.

- 아저씨도 알지… 그것은 양이 아니야. 숫양이야. 뿔이 있어…

그래서 또 그려 주었다.

- 이건 너무 늙었어. 오래 살 수 있는 양을 원해.

나는 엔진을 분해하는 것이 급하기 때문에, 세 개의 구멍이 뚫려있는 상자를 대충 그려주고는 내 던졌다.

- 자, 상자야. 네가 원하는 양은 그 안에 있단다.

- 맞아. 이것이 내가 원했던 거야!
이 양에게 많은 풀을 줘야만 돼?
- 왜?
- 내 집은 너무 작거든…
- 그 정도면 될 거야. 아주 작은 양을 네게 주었거든.
- 그렇게 작지도 않은데… 아저씨! 양이 잠들었어…

이렇게 해서 나는 어린 왕자를 알게 되었다.

그가 어디에서부터 왔는지를 알기에는 오랜 시간이 걸렸다. 어린 왕자는 내게 많은 질문을 했지만, 내가 물어보는 것은 전혀 듣는 것 같지가 않았다. 우연히 내게 하는 말들로 해서, 차차 나는 그에 대해 조금씩 알게 되었다. 예를 들면, 그가 나의 비행기를 처음 보았을 때,

- 그 물건은 대체 뭐야?
- 그것은 물건이 아니고, 나는 거란다. 비행기라고 하지. 내 비행기야.
- 뭐라고! 아저씨는 하늘에서 내려왔어?
- 그렇단다.
- 와! 너무 재미있다……
그럼, 아저씨도 역시 하늘에서부터 왔구나! 어느 별에서 왔어?
- 너는 다른 별에서부터 왔니?
- 이것을 타고서 멀리에서부터 올 수는 없을거야.
- 그래, 너는 어디에서 부터 왔니? 애야? 응? 《네 집》은 어디지? 내 양을 어디로 갖고 가고 싶니?
- 아저씨가 나에게 준 상자를 가지고 가면 좋단말이야. 밤에, 그것은 양의 집으로 쓰일 수 있을거야.

- 물론. 그리고 말 잘 들으면, 하루 종일 양을 매어둘 밧줄도 줄께. 그래, 말뚝도 주마.
- 양을 묶어놔? 너무 이상하다!
- 네가 묶어놓지 않으면, 아무데로 가다가는 길을 잃게 될거야…
- 그런데 아저씨는 양이 어디로 가기를 원해?
- 어디든지, 바로 앞쪽으로…
- 상관없어. 내 집은 너무 작다니까! 앞쪽으로 곧장 가도, 그리 멀리 갈 수는 없어…

이렇게 해서 나는 매우 중요한 사실을 알게 되었다 : 어린 왕자가 온 별은 겨우 집 크기만 하다는 것이었다.

아! 어린 왕자, 나는 여러 가지를 생각하다가, 너의 우울한 생활을 조금씩 알게 되었단다. 너는 오랫동안, 조용히 해가 지는 것을 구경하는 것 이외에는 오락거리가 없었지.

- 나는 해지는 것을 구경하는 게 너무 좋아. 구경하러 가자…
- 그런데, 기다려야 돼…
- 무얼 기다려?
- 해가 지는 것을 기다려야 된단다.
- 나는 내 집에 있는 줄 알았어!
- 그렇구나.

누구나 알다시피 미국이 정오이면, 프랑스에서는 해가 진다. 해지는 것을 구경하기 위하여, 일분 만에 프랑스로 갈 수만 있으면 될 것이다. 불행히도 프랑스는 너무 멀리 떨어져있다. 그러나 너의 작은 별 위에서는 의자를 몇 걸음만 옮겨 놓으면 됐지. 그래서 너는 해지는 것을 보고 싶을 때마다 보곤 했었지…

- 언젠가, 나는 해가 마흔 세 번 지는 것을 보았었어. 아저씨도 알지… 매우 쓸쓸할 때면 해지는 것을 보고 싶거든…
- 그래, 마흔 세 번 해가 지는 것을 구경하던 날에, 그토록 쓸쓸했었니?

닷새째 되던 날, 나는 엔진에 꼭 박혀 있었던 나사를 빼내려고 매우 애쓰고 있었다. 기계 고장이 매우 심하다는 것을 깨닫기 시작했고, 바닥이 보이기 시작한 물로 해서 최악의 사태로까지 갈 것 같았기 때문에, 나는 몹시 불안해하고 있었다.

- 양은 작은 나무를 먹을 수 있어?
- 그래.
- 그럼, 꽃도?
- 양은 만나는 모든 것을 먹지.
- 가시가 있는 꽃도?
- 가시가 있는 꽃도 먹지.
- 그러면, 가시는 뭐에 쓰는 거야? 가시는, 뭐에 쓰는 거냐니까?
- 가시, 그것은 아무짝에도 쓸모가 없단다. 꽃들에게는 진짜 귀찮게 하는거지!
- 아! 말도 안 돼. 꽃들은 약하고 순진해.

꽃들은 자기들이 할 수 있는 만큼 자신들을 안심하고 있는 거라구. 자기들이 가시가 있다구 해서 자신들을 무서운 것이라 믿거든… 그리고 아저씨는, 꽃들이…
- 아니야! 절대 아니야! 그렇지 않단다! 나는 아무 것도 생각하지 않고 있어! 아무렇게나 대답을 했던거야. 지금 중대한 일을 하고 있잖니!
- 중대한 일이라니?
- 그래.
- 아저씨는 마치 어른들처럼 말하는구나!
모든 것을 혼동하고, 모든 것을 엉망진창으로 만들고 있어.
나는 홍당무 아저씨가 살고 있는 한 별을 알고 있어. 그는 결코 꽃 냄새를 맡아 본 적도 없어. 결코 별을 바라본 적도 없어. 어느 누구를 사랑해 본 적도 없어. 덧셈 밖에는 다른 어떤 것도 한 적이 없어. 그리고 하루 종일 아저씨처럼 이야기해 : 《나는 성실한 사람이야! 나는 성실한 사람이란다!》. 이렇게 말하면서 거만함으로 가득 차 있단 말이야. 하지만 그는 사람이 아니야. 버섯이라고!
- 뭐야?
- 버섯!
꽃들은 수백 만 년 전부터 가시를 만들고 있어. 하지만 양들도 수백 만 년 전부터 꽃들을 먹고 컸거든. 꽃들이 아무 것에도 쓸모가 없는 가시들을 만들기 위해 그토록 많은 고생을 왜 하고 있는지 알려고 하는 것은 심각한 일이 아니란 말야? 양과 꽃하고의 전쟁이 중요하지 않아? 뚱뚱보 홍당무 아저씨의 덧셈보다 더 중요한 게 아니겠어?
그리고 내 별 이외에는 어느 곳에도 없는, 이 세상에 단 하나 밖에 없는 꽃 한 송이를 내가 알고 있는데, 조그만

양 한 마리가 어느 날 아침, 자기가 무슨 일을 하고 있는지 알지도 못하면서 그처럼 단번에 먹어치워 버린다면, 그게 중대한 일이 아니란 말야! 만약 누군가가 수백만 개의 별들 중에서 단 한 송이 밖에 없는 꽃을 사랑하고 있다면, 별들을 바라보는 것만으로도 충분히 행복한거야. 그는 혼자 생각할거야: 《내 꽃이 저기 어딘가에 있겠지…》 그러나 양이 꽃을 먹어치운다면, 그에게는 갑자기 모든 별들이 꺼져버린 것처럼 될거야! 그것이 중요하지 않단 말이야!

밤이 되었다. 나는 이미 연장을 내려놓았다. 망치나 나사못, 갈증이나 죽음 같은 것들이 우습게 생각되었다. 하나의 별, 어떤 유성, 아니 지구위에는 위로해 주어야 할 어린 왕자가 있었다! 나는 그를 팔에 안고 흔들면서 말했다: 《네가 사랑하고 있는 그 꽃은 위험하지 않단다… 내가 네 양에게 굴레를 그려줄께… 음? 네 꽃에게는 갑옷을 입혀주구… 내가 또…》 어휴, 나는 무슨 말을 해줘야 할지 몰랐었다. 나는 무척 내가 서투르다는 것을 느꼈다. 어떻게 그의 마음을 달랠지, 어디에서 그를 다시 만나야 할지를 알 수가 없었다. 눈물의 나라란 참 신비스러운 것이다.

나는 아주 빨리 이 꽃을 더 잘 알게 되었다. 그 꽃은 어느 날, 어디서부터 실려 왔는지 알 수 없는 씨에서 싹이 텄다. 어린 왕자는 그 꽃에서부터 어떤 놀라울만한 것이 나오리라 생각했었다. 그러나 꽃은 자기의 초록색 방안에서 줄곧 몸치장을 하고 있었다. 꽃은 정성스럽게 색깔을 고르고, 천천히 옷을 입더니, 꽃잎들을 하나하나 치장하고 있었다. 개양귀비 꽃처럼 완전히 흩어진 모습을 한 채 나오기가 싫었던 것이다. 아름다움의 절정을 이룰때 만이 나타나고 싶었던 것이다. 그래! 맞아. 그 꽃은 매우 모양을 부렸던 것이다! 그래서, 그 신비스러운 단장은 며칠내내 계속 되었다. 마침내 어느 날 아침, 해가 뜰 무렵에, 꽃은 모습을 드러내놓았다.

- 아! 이제 겨우 깨어났군… 미안해요… 아직도 나는 온통 흐트러진 모습을 하고 있군요…
- 참 아름답군요!
- 예, 나는 태양과 함께 태어났거든요…
- 예.
- 아침식사 시간이 되었군요. 내 생각 좀 해 주시겠어요…?

갑자기 당황해하는 어린 왕자는 물뿌리개를 찾아와서 시원한 물을 뿌려주었다. 이렇게 하여 그 꽃은 까다로운 허영심으로 해서 어린 왕자를 괴롭히게 되었다. 예를 들면, 어느 날 자신의 네 개의 가시에 대해서 말하면서,

- 호랑이들이 발톱을 가지고 덤벼도 돼!
- 내 별에는 호랑이가 없어요. 더구나 풀은 먹지도 않아요.
- 나는 풀이 아니에요.
- 미안해요…
- 호랑이는 하나도 안 무섭지만, 바람은 싫어요. 혹시 병풍을 갖고 계신가요? 그리고 저녁이면 유리 모자를 씌어 주세요. 당신 별은 매우 추워요. 갖추어진 게 너무 없어요. 내가 있던 곳은…

그러나 그 꽃은 말을 잇지 못했다. 씨앗의 형태로 이곳에 왔었기 때문이었다.

그러니 다른 세상은 전혀 알 수가 없었다. 그렇게도 뻔한 거짓말을 한 것이 들켜서 창피한 그 꽃은 어린 왕자에게 잘못을 뒤집어씌우기 위하여 잔기침을 두세 번 했다. 그러니 진심으로 꽃을 사랑하려고 함에도 불구하고, 어린 왕자는 그 꽃을 의심하게 되었다. 그는 아무 중요성도 없는 말을 진지하게 받아들여, 매우 불행하게 되었다. 《꽃이 말하는 것을 듣지 말았어야 했어. 꽃의 말을 들어서는 안 돼. 그저 바라보기만하고 향기만 맡으면 돼. 그 꽃이 내 별에 향기를 풍겼지만 나는 그것을 즐길 수가 없었지. 그 꽃은 나에게 향기를 풍겨주었고 나를 환하게 해주곤 했었지. 나는 절대로 도망치지 말았어야 돼! 대수롭지도 않은 속임수 뒤에 숨겨져 있는 꽃의 애정을 느꼈어야 했는데. 꽃들은 모순이 되는 말을 너무 하거든! 하지만, 그 꽃을 사랑하기에는 내가 너무 어렸던거야.》

나는 어린 왕자가 철새들이 이동하는 것을 틈타, 자기 별에서 부터 빠져 나왔으리라 생각한다. 그가 마지막으로 꽃에 물을 주고, 유리 모자를 씌워 주려고 했을 때, 울음이 터져 나오려고 했다.

- 안녕.
- 그래, 안녕.
- 내가 어리석었었어. 미안해. 행복하도록 해!
네가 좋아.
- 그래, 나도.

- 고마워, 내 잘못이 있었지만, 너는 그것을 알지 못했어. 그건 전혀 중요하지 않아. 하지만 너도 나처럼 어리석었어. 부디 행복해… 이 유리 모자는 그대로 둬. 더 이상 쓰고 싶지 않아.
- 그렇지만 바람이…
- 오, 나는 그 정도로는 감기에 걸리지 않아… 차가운 밤 공기는 나에게 좋을거야. 나는 꽃이니까.
- 그런데 벌레들이…
- 내가 나비와 친해지려면 두세 마리 정도의 벌레들은 견뎌내야 돼. 나비는 참 예쁜 것 같던데. 그렇지 않으면 누가 나를 보러 오겠어? 너는 멀리 떠날거잖아. 큰 짐승들이 와도 전혀 무섭지 않아. 내 발톱이 있잖아. 그렇게 지체하지 마. 속이 상하거든. 떠나기로 했으니 빨리 떠나.

어린 왕자는 머무를 곳을 찾기 위하여, 무엇인가 배우기 위하여, 이웃해있는 별들을 우선 방문하기 시작했다. 첫 번째 방문한 별에는 왕이 살고 있었고, 두 번째 별에는 허영꾼이, 세 번째 별에는 술꾼이, 네 번째 별에는 후에 뚱뚱보 홍당무 아저씨라 불리운 장사꾼이 살고 있었다. 각각의 별을 방문한 후에 어린 왕자는, 어른들은 확실히 매우매우 이상하다고 혼자 생각했다.

다섯 번째 별은 매우 이상했다. 그것은 가장 작은 별이었다. 그곳에는 가로등 하나와 점등인(點燈人) 한 사람이 있을만한 자리밖에 없었다. 집도 없고, 사람도 없는 하늘 한 모퉁이의 별 위에, 가로등과 점등인이 무슨 소용이 있을까 어린 왕자는 납득이 되지 않았다.

그가 가로등을 켜는 것은 하나의 별을 더, 또는 하나의 꽃을 생겨나게 하는 것과 마찬가지야. 그리고 가로등을 끄면 꽃이나 별을 잠들게 해. 멋있는 일이야. 그러니 정말 유익한 일이지.

- 안녕, 아저씨. 왜 가로등을 껐어요?
- 명령이니까. 안녕.
- 명령이라니요?
- 가로등을 끄라는 거야. 안녕.
- 그런데 왜 방금 전에 다시 불을 켰어요?
- 명령이라니까.
- 무슨 말인지 모르겠어요.
- 알던 모르던 문제가 아니야. 명령이니까 명령이지. 안녕. 나는 지금 이 곳에서 굉장한 일을 하고 있단다. 한때는 할만 했었지. 아침이면 끄고, 저녁이면 켰거든. 그래서 낮에는 쉬고, 밤에는 잠잘 시간도 있었어.
- 그럼, 그 후로 명령이 바뀌었나요?
- 명령이 바뀌지 않았어. 그러니 힘들어 죽겠어! 해마다 별은 점점 빨리 도는데 명령은 바뀌지를 않았어!
- 그래서요?
- 그래서 지금은 별이 1분에 한 번씩 도니, 1초도 쉴 시간이 없게 됐지. 1분마다 켜고 꺼야 되니까!
- 참 이상하네요! 아저씨네 별에서는 하루가 일분 밖에 안 되다니!
- 아니야. 이상할 게 전혀 없지. 우리가 이야기 한지가 벌써 한 달이 됐어.
- 한 달이나요?
- 그래. 30분은 곧 30일이거든! 안녕.

- 아저씨는 알까… 나는 아저씨가 원할 때에 쉴 수 있는 방법을 알고 있거든요…
- 나는 항상 원하지.
- 아저씨 별은 너무 작아서 세 걸음이면 한 바퀴 돌 수 있어요. 그러니까 항상 해가 떠있도록 하려면 천천히 걷기만 하면 되잖아요. 쉬고 싶으시면 걷기만 하면 돼요.
그러면 아저씨가 원할 만큼 낮이 계속 될 거에요.
- 그렇게 하는 것은 나에게 아무 소용이 없어. 사는 동안 내가 좋아하는 것은 잠자는 것뿐이거든.
- 참 안됐네요.
- 그래. 안녕.

- 아! 내가 친구로 삼았을 유일한 사람이었는데. 그런데, 그 아저씨 별은 너무 작아. 둘이서 같이 살 수가 있어야지…

어린 왕자가 이 같은 사실을 말하기 원하지 않았던 것은 하루에 특히 수천 사백 사십 번이나 해가 지는 것으로 해서 축복받은 이 별을 영원히 잊고 싶지 않기 때문이었다.

여섯 번째 별에는 지리학자가 살고 있었는데, 그는 어린 왕자에게 지구를 방문하러 갈 것을 권했다. “지구는 아주 좋은 곳이지”라고 지리학자는 어린 왕자에게 이야기했다.
일곱 번째 별이 바로 지구였다. 어린 왕자는 지구에 사람이 아무도 없는 것을 보고는 놀랬다. 별을 잘못 찾아왔나 하고 걱정하고 있었는데 그 때 달빛 색깔의 한 고리가 모래 속에서 움직였다. 바로 뱀이었던 것이다! 아무 생각 없이, 어린 왕자는 인사를 했다 :

- 안녕.
- 안녕.
- 나는 어떤 별에 떨어진 거지?
- 지구위의 아프리카라는 곳이야.
- 아! 그럼 지구에는 사람이 하나도 없어?
- 여기는 사막이야. 사막에는 사람이 살지 않지만 지구는 커.
- 내 별을 봐. 바로 우리 머리위에 있네……
- 예쁘구나. 그런데 이곳은 뭣하러 왔니?
- 꽃하고 다퉜어.
- 그렇구나!
- 사람들은 어디에 있니? 사막이란 곳은 좀 외롭구나……
- 사람들과 같이 있어도 외로운 거야.
- 너는 참 이상한 짐승이구나. 손가락만큼 가늘다니……
- 하지만 나는 왕의 손가락보다 더 힘이 세지.
- 그렇게 힘이 세 보이지 않는데… 심지어 너는 다리도 없잖아… 그러니 여행할 수도 없겠구나.
- 나는 너를 배보다도 더 먼 곳으로 데려다 줄 수 있어. 내가 건드리게 되면, 그는 자기가 태어났던 땅으로 되돌아가야만 돼. 하지만 너는 순수하고, 별에서 왔으니……
- 그래.
- 돌 투성이의 이 지구위에서 너 같이 연약한 아이를 보니 가엾은 생각이 드는구나, 네 별을 너무 보고 싶으면 어느 날인가 너를 도와 줄 수 있을거야. 나는 할 수 있지…
- 오! 잘 알았어. 그런데 너는 왜 수수께끼 같은 말만 계속하니?

- 나는 그 모든 것들을 해결 할 수 있단다.

어린 왕자는 모래밭, 바위, 눈 사이를 가로질러 오랫동안 걸은 후에 마침내 한 길을 발견했는데, 그 길은 바로 사람들이 사는 곳으로 나있었다. 사람들은 장미꽃들로 만발해 있는 정원을 갖고 있었다. 장미들이 어린 왕자를 맞이했다.

- 안녕, 너희들은 누구니?
- 장미야.
- 아, 그런데 여기에 몇 개나 되지?
- 4,000? 5,000?

- 나는 이 세상에 하나 뿐인 꽃을 가져서 부자라고 생각했었는데. 나는 하찮은 장미 한 송이만 생각했던 거야. 정원 하나에 이처럼 모두 닮은 것들이 5,000개나 되다니. 나는 위대한 왕이 될 수 없어…

- 안녕
- 안녕. 너는 누구니? 참 예쁜데…
- 나는 여우라고 해.
- 나와 함께 놀자. 무척 쓸쓸하거든…
- 나는 너와 함께 놀 수 없어. 길들여지지 않았거든.
- 아! 미안. 《길들이다》라는 게 무슨 뜻이야?
- 너는 이곳에서 태어나지 않았니?
- 응.
- 무엇을 찾고 있는데?
- 사람들을 찾고 있어. 《길들이다》라는 뜻이 뭐냐?
- 사람들, 그들은 총을 가지고 있어. 그들은 사냥을 해.

그건 아주 귀찮게 하거든! 그들은 또 닭도 길러. 그것이 유일한 취미거리지. 너도 닭을 찾고 있니?

- 아냐. 친구들을 찾고 있어. 《길들이다》란 뜻이 뭐야?

- 그것은 너무나 잊혀지고 있는 것이지. 《친분 관계를 맺다》란 뜻이야.

- 친분 관계를 맺다니?

- 당연하지. 너는 나에게 아직은 수많은 아이들과 비슷한 한 소년에 불과해. 그리고 나는 너를 필요로 하지 않거든. 그리고 너 역시 나를 필요로 하지 않구. 나는 너에게 수많은 여우들과 비슷한 한 여우에 불과해. 그러나 네가 나를 길들인다면, 우리는 서로를 필요로 하게 될거야. 너는 나에게 있어 세상에서 유일한 아이가 될 것이고 나 역시 너에게 세상에서 유일한 여우가 될거야…

- 이해가 되는 것 같아. 하나의 꽃이 있는데… 그 꽃이 나를 길들였었나봐…

- 그럴 수 있지. 지구 위에서는 모든 종류의 것들을 볼 수 있거든…

- 오! 지구에 있지 않아.

- 그럼, 다른 별에 있니?

- 응.

- 그 별에도 사냥꾼이 있니?

- 아니.

- 그거 재미있는데! 그러면 닭은?

- 없어.

- 완벽한 거라고는 하나도 없구나. 나의 생활은 단조로워. 나는 닭들을 사냥하고, 사람들은 나를 사냥해. 모든 닭들은 서로 닮았고, 사람들도 마찬가지야. 그래서 조금은 따분해. 그러나 네가 나를 길들인다면, 나의 생활은 햇빛을

받은 것처럼 될거야. 나는 모든 다른 것들하고 다른 발걸음 소리를 알게 될거야. 다른 발걸음들은 나를 땅 밑으로 들어가게 할 거야. 하지만 너의 발걸음 소리는 음악 소리와 같이 나를 굴 바깥쪽으로 불러낼거야. 자 바라 봐! 저기 밀밭이 보이지?

- 응.

- 나는 빵을 먹진 않아. 나에게 있어서 밀은 아무 소용이 없어. 밀밭은 나에게 어떤 아무것도 생각나게 해주는 게 없거든. 그래, 그것은 참 슬픈일이지! 그런데 네가 황금빛 머리칼을 갖고 있구나. 그러니 네가 나를 길들이고 나면 모든 것은 놀라운 것이 될거야. 황금빛 밀은 나에게 너를 생각나게 할거야. 그리고 나는 밀밭 속에서 이는 바람 소리를 좋아하게 될거야. 부탁이야, 나를 길들여 줘!

- 그래, 하지만 나는 시간이 없어. 만나야 할 친구들도 있고, 알아야 할 것들이 많거든.

- 누구나 자기가 길들이고 있는 것만을 생각하지. 사람들은 어느 것도 알 시간조차 갖지 못하고 있어. 사람들이란 가게에서 이미 다 만들어져있는 물건들을 사지. 하지만 친구들을 파는 상인들이 없으니, 친구들을 더 이상 갖지 못하게 되었지. 네가 친구를 원한다면, 나를 길들여 줘!

- 어떻게 해야 되는데?

- 매우 참을성이 있어야 돼. 우선 나에게 좀 멀리 그렇게 풀밭에 앉아있어 봐. 내가 너를 곁눈질로 볼 테니 아무말도 하지 마. 그러나 매일 매일 조금씩 더 가까이 앉아도 돼…

다음 날 어린 왕자는 되돌아왔다.

- 똑 같은 시간에 왔으면 더 좋았을텐데. 가령 네가 오후 네 시에 온다면, 세시부터 나는 행복해지기 시작할거야. 시간이 흐를수록, 나는 더욱 더 행복감을 느낄거야. 네 시가 되면 벌써 나는 안절부절 못하고, 초조하게 될거야 ; 행복이 얼마나 값어치 있는지를 알아낼거야! 그러나 네가 아무때나 오면, 몇 시에 마음을 준비시킬지를 결코 알 수 없을거야……

이렇게 해서 어린 왕자는 여우를 길들였다. 그리고 떠날 시간이 가까워지자 :

- 울고 싶어.
- 네 잘못이야. 너에게 고통을 줄 마음은 전혀 없었어. 하지만 너는 길들여지기를 원했었잖아…
- 물론 그래.
- 그러나 너는 울려고 하잖아!
- 응.
- 그럼 너는 얻은게 아무것도 없구나!
- 얻은 건 있어. 밀 색깔 때문에. 장미를 다시 보러 가봐. 네 꽃이 세상에 하나 밖에 없는 유일한 것이란 걸 알게 될거야. 그리고 나에게 작별 인사하러 다시 와. 너에게 비밀 하나를 선물해 줄께.

어린 왕자는 장미꽃들을 다시 보러갔다. 그리고는 그의 장미가 세상에 하나 밖에 없는 유일한 것이라는 것을 알았다.

그리고 여우에게로 다시 돌아왔다 :

- 안녕.
- 안녕. 내 비밀을 말해줄께. 그건 아주 간단한거야 : 마음으로 모든 것을 봐야만 된다는 거지. 중요한 것은 눈에 보이지 않거든.
- 중요한 것은 눈에 보이지 않는다.
- 네가 장미 때문에 허비한 시간을 말하는 거야… 누가 너의 장미를 그토록 소중하게끔 만들어 놓았니?
- 내가 장미 때문에 허비한 시간이지.
- 네가 길들였던 것에 대해서 너는 영원히 책임을 져야 돼. 네 장미에 대해서 책임을 느껴야 돼…
- 나는 내 장미에 대해 책임을 져야 돼……

- 아! 너의 모든 추억 거리들은 참으로 아름답구나. 하지만 나는 아직 비행기를 고치지 못했구나. 더 이상 마실 물도 없고.
- 목이 탄다구? 우물을 찾자. 나도 역시 목이 타.
- 이 넓은 사막에서 무턱대고 우물을 찾으러 나선다는 것은 말도 안 돼. 자, 떠나자.

우리가 몇 시간이고 조용히 걸어가자 밤이 왔고, 별들은 반짝거리기 시작했다.

- 별들은 아름다워. 우리가 보지 못하는 꽃 때문이야…
- 물론 그래.
- 사막도 아름답구나. 사막을 아름답게 하는 것은 어디엔가에 우물을 감추고 있기 때문이야…

어린 왕자는 잠이 들었다. 나는 그를 팔로 안았다. 가슴이 뛰었다. 깨지기 쉬운 보물을 안고 가져가는 것 같았다. 지구상에 이보다 더 깨지기 쉬운 것은 없을 것 같았다. 나는 달빛에 창백해 보이는 이마, 감긴 눈, 바람에 휘날리는 머리카락을 바라보며 다음과 같은 생각이 들었다 : 《내가 지금 보고 있는 것은 단지 껍질에 불과해. 가장 중요한 것은 눈에 보이지 않아……》

이렇게 걸어가면서 나는 해뜰 무렵에야 우물을 발견했다. 나는 꿈을 꾸고 있는 것 같았다. 그 우물은 마을 우물인데 그곳에는 마을이라곤 하나도 없었기 때문이었다.

- 눈으로 보면 안 돼, 마음을 가지고 찾아야 돼.

- 아저씨는 약속을 지켜야 돼.
- 무슨 약속인데?
- 알잖아… 양한테 씌울 굴레말이야… 나는 내 장미에 대해서 책임이 있단 말이야.
- 내가 그려 주마.
- 빨리 그려줘.
- 빨리?
- 아저씨도 알지. 내가 지구에 떨어진지가 내일이면 일년이 되잖아. 내가 떨어졌던 곳이 바로 이 근처였었지…
- 일주일 전에 내가 너를 알게 되었던 그날 아침에 네가 사람이 사는 곳에서부터 수천 킬로미터 떨어진 곳에서 그처럼 혼자서 거닐고 있었던 것은 우연이 아니구나. 음? 네가 떨어졌던 곳으로 되돌아가는 길이었니? 아마 일 년이 된 것을 기념하기 위해서 그런거니? 응?

- 아저씨는 지금 일해야만 돼. 기계있는 곳으로 돌아가야 하잖아. 여기에서 기다릴께. 내일 저녁에 다시 와……

나는 여우를 생각하면서 다시 떠났다. 길들여지도록 자신을 내버려 두면 눈물이 나오는가 보다…

이튿날 저녁에 일을 끝내고 돌아왔을 때, 나는 우물 바로 옆쪽의 폐허로 된 돌담 위에 앉아있는 어린 왕자를 멀리에서부터 보았다. 그가 누구에게 이야기하고 있었을까?

- 그래 도대체 너는 기억이 나질 않는거니?
- 아니야! 아니야! 날짜는 맞지만 장소는 이곳이 아니야.
- 물론이지. 모래에 내 발자국이 어디에서 시작하는지 좀 봐. 거기서 나를 기다리면 돼. 오늘밤 나는 그곳에 있을거야. - 너는 좋은 독을 가지고 있니? 오랫동안 나에게 고통을 주지 않을 자신이 있어? 자 이제 가봐. 가란 말이야! 나는 내려가고 싶어.

그 때 나는 담 밑을 내려다보았다. 그리고는 펄쩍 뛰었다. 30초 만에 여러분을 죽일 수 있는 노란 뱀 한 마리가 어린 왕자를 향해 고개를 쳐들고 있었다. 내 발소리에 그 뱀은 사라졌다. 나의 어린 왕자는 하얀 눈처럼 창백해졌다. 그의 가슴은 소총을 쐈을 때 죽어가고 있는 한 마리 새의 심장처럼 뛰고 있었다.

- 얘야, 뱀이나, 약속이나, 별이나 하는 이야기는 나쁜 꿈에 지나지 않아…
- 중요한 것은 눈에 보이지 않아…
- 물론이지…

- 꽃도 마찬가지야. 아저씨가 어느 한 별에 있는 꽃 한 송이를 좋아한다면, 밤에 하늘을 쳐다보는 것만으로도 포근한거야. 모든 별들에 꽃이 피어 있으니까.
- 그래…
- 밤에 별들을 바라 봐.
- 응.
- 내 별은 너무 작아서 어디에 있는지 아저씨한테 가르쳐 줄 수가 없어. 그게 더 나은거야. 내 별은 아저씨에게 여리 별들 중의 하나가 될거야. 그래서 아저씨는 모든 별들을 바라보는걸 좋아하게 되겠지… 모든 별들은 아저씨에게 친구가 될거야. 그리고 나는 아저씨에게 선물을 줄테야…
- 아! 얘야, 나는 그 웃음소리가 좋단다.
- 바로 이것이 내가 줄 선물일거야.
- 무슨 말이니?
- 아저씨는 어느 누구도 갖지 않은 별들을 가지게 될거야…
- 뭐라고?
- 아저씨가 밤에 하늘을 바라보고 있을 때, 나는 그 별들 중의 하나에 살고 있을테고, 그 별들 중의 하나에서 내가 웃게되면 그것은 아저씨에게 모든 별들이 웃는 것처럼 보일거야. 아저씨는 웃을줄 아는 별들을 갖게 될거야! 그리고 아저씨가 위안받을 때 _ 사람은 누구나 항상 위안 받지만 _ 나를 알았다는 것에 기뻐할거야. 아저씨는 영원히 내 친구가 될거야. 그리고 아저씨는 나와 함께 웃고 싶을거야. 그저 아무 생각없이 이따금 창문을 열게 될거야…… 아저씨가 하늘을 보면서 웃는 것을 보면 아저씨 친구들은 놀라게 될거야. 그러면 아저씨는 친구들에게 이

렇게 말하겠지 :《그래, 별들만 보면 항상 웃음이 나온다니까!》 그럼 친구들은 아저씨가 미쳤다고 생각하겠지. 이렇게 되면 나는 아저씨에게 몹쓸 장난을 한 것이 되겠는데… 그건 아저씨에게 별들 대신에 웃을 줄 아는 작은 방울을 준 것 같이 될거야… 오늘밤엔… 있잖아… 오지 마.

- 나는 네 곁을 떠나지 않을거야.
- 나는 아파 보일거야… 곧 죽을 것 같이 보일거야. 맞아. 그걸 보러 오지 마. 그럴 필요없어.
- 나는 네 곁을 떠나지 않을거야.
- 아저씨께 말하지만… 바로 뱀 때문이야. 뱀이 아저씨를 물면 안돼… 뱀들은 무서워. 공연히 물 수 있거든…
- 나는 네 곁을 떠나지 않을거야.
- 하긴 뱀이 두 번째 물때에는 독이 없긴 하지만…

그날밤 나는 그가 길을 떠나는 것을 보지 못했다. 그는 소리없이 그대로 빠져나갔던 것이었다. 내가 그를 따라잡게 되었을 때, 그는 빠른 걸음으로 힘차게 걷고 있었다.

- 아저씨야? 아저씨는 잘못했어. 근심이 될거야. 내가 곧 죽을 것같이 보이지만, 사실은 그게 아니야… 아저씨도 알지만 거기는 너무 멀어. 나는 내 몸을 가져갈 수가 없어. 너무 무겁거든. 그건 내버려진 낡은 껍질과 같은거야. 낡은 껍질은 슬픈게 아니야… 참 재미있을거야! 5억 개의 방울을 갖게 될거야. 아저씨도 알지… 내 꽃… 내 책임이야! 그 꽃은 너무 약해! 그리고 그 꽃은 너무 순진해. 아무 쓸모도 없는 네 개의 가시로 세상에 대해서 자기를 보호하려구 하다니…… 자… 이것뿐이야……

그의 발목 근처에서 단지 노란빛이 반짝했다. 그는 움직이지 않고 잠시 그대로 있었다. 소리도 치지 않았다. 그는 나무가 쓰러지듯 천천히 쓰러졌다. 모래 바닥이므로 어떤 소리도 나지 않았다.

이미 6년 전의 일이 되어버렸다… 여러분이 아프리카의 사막을 여행하게 되어, 내가 비행기 사고로 해서 떨어졌던 그 장소에 우연히 지나가게 된다면, 부탁하건데, 서두르지 말고 잠시 기다려 주십시오!

만일 그 때 어떤 아이가 여러분에게 다가와 웃는다면, 그리고 그가 황금빛 머리칼을 갖고 있고 질문을 해도 아무 대답이 없다면 그 아이가 누구인지 여러분들이 아실겁니다. 그러면 그 아이에게 친절히 대해 주십시오. 이토록 내가 슬퍼하는 것을 내버려 두지 말고, 그가 돌아왔다고 저에게 급히 편지를 써주십시오…